Jörg Matthée
Tipps für Eltern von A bis Z

Das Buch

Die Tipps für Eltern von A bis Z bringen auf den Punkt, worauf es in der Erziehung von Kindern ankommt.
Für Eltern, die nicht mehrere Bücher zu verschiedenen Themen lesen wollen, sondern das Wesentliche zur Erziehung in einem Taschenbuch.
Empfehlenswert auch für alle, die mal Eltern werden wollen oder in Ausbildung oder Beruf mit Erziehungsfragen zu tun haben.

Der Autor

Jörg Matthée ist Familienvater, Psychologe, Psychotherapeut, Pädagoge und Soziologe. Er arbeitet seit vielen Jahren in Beratung und Therapie mit Kindern, Jugendlichen und Eltern.

Jörg Matthée

Tipps für Eltern von A bis Z

Ein kleines Erziehungsratgeber-Lexikon

Die Tipps in diesem Buch sind vom Autor sorgfältig erwogen und geprüft, dennoch kann keine Garantie übernommen werden. Eine Haftung des Autors für Personen-, Sach- und Vermögensschäden wird ausgeschlossen.

Bibliografische Information der Deutschen Nationalbibliothek:
Die Deutsche Nationalbibliothek verzeichnet diese Publikation in der Deutschen Nationalbibliografie; detaillierte bibliografische Daten sind im Internet über http://dnb.dnb.de abrufbar.

© 2014 Jörg Matthée

Umschlagfotos: careaux mit o. / photocase.de

Satz, Umschlaggestaltung, Herstellung und Verlag:
BoD – Books on Demand, Norderstedt

ISBN 978-3-7357-4717-4

Inhalt

Vorwort	9
Anfassen, erfassen und begreifen	12
Ängste und Schutz	13
Aufräumen	15
Augenhöhe	16
Auseinandersetzung: miteinander reden	18
Autorität	19
Bewegung und Sport	22
Beziehungsebene	23
Ehrlichkeit und Authentizität	26
Eigene Erfahrungen	27
Einschlafen	29
Ekel und Abwehr	31
Eltern-Rivalität	32
Ernst nehmen	34
Feste feiern	36
Forscher-Geist: Kinder wollen lernen	37
Freunde	39
Geschwister	42
Gesunde Ernährung – ganz von selbst	43
Gesundes Misstrauen gegenüber Fremden	45
Getrennte Eltern	47
Glück	49
Grenzen und Halt	50
Größenphantasien und Enttäuschungen	52
Hilfen für Eltern	53
Höhen und Tiefen	55
Humor	56
Kinder- und Jugendschutz	59
Konflikte klären	61

Konsum	63
Krankheit und Gesundheit	64
Kränkungen	66
Kulturelle Anregungen	68
Kuscheln	70
Langeweile	73
Laute Lebensfreude	74
Lehrer	75
Licht und Schatten	77
Liebe und Bindung	79
Loslassen	80
Mädchen und Jungen	83
Medien	85
Mein Körper	86
Mobbing	88
Natur	91
Neugier	92
Offene Wunden	95
Pubertät	97
Raum und Heim	99
Resonanz und Rückmeldungen	100
Respekt vor Kindern und von Kindern	101
Ringen um den Kontakt	103
Ruhe bewahren	104
Sauberkeit	107
Selbst entscheiden und gestalten: zwei Möglichkeiten	108
Selbst-bewusst-sein	110
Sexualität	111
Singen und musizieren	113
Sinn-volle Erziehung	114
Sorge	116
Spielen	117
Stärker durch Krisen: Wachstum	119
Stopp-Regel	121

Streit und Versöhnung	122
Taschengeld	125
Tiere	126
Träume	128
Verhandeln statt anordnen	130
Vertrauen, Zutrauen	131
Vom Tag erzählen	133
Vorbilder	134
Vorlesen und lesen	136
Welt	138
Werte	139
Wertvolle Gefühle	141
Wiederholungen	142
Wissen und Glauben	144
Wünsche	145
Wut, Ärger und Grenzen	147
Zeit	150
Zukunft	151
Nachwort	154

Vorwort

Nicht alle Eltern wollen einen dicken Ratgeber lesen. Bei diesem Buch habe ich daher versucht, mich auf das Wesentliche zu konzentrieren. Jedes Kapitel enthält einen Tipp, der aus einem oder zwei Sätzen besteht. In der Kürze liegt die Würze. Auf das Wesentliche kommt es an.

Dieses Buch habe ich aus meiner langjährigen beruflichen Praxis heraus geschrieben. Mein Anliegen ist gewesen, ein für die alltägliche Erziehung praktikables Buch zu schreiben. All diese Inhalte sind in meiner Beratungsarbeit viele Male erprobt – und ich möchte dafür den vielen Klientinnen und Klienten, Eltern, Kindern und Jugendlichen danken, die ich in meinem bisherigen Berufsleben betreuen durfte. Dieses Buch streift viele Themen, ohne sie jedes Mal ganz zu vertiefen. Und es ist eine Sammlung von Erziehungstipps von A bis Z, ohne dass diese in eine feste Struktur oder Ordnung gegossen werden. Es unterscheidet sich damit bewusst von einer wissenschaftlichen Abhandlung und orientiert sich eher am manchmal chaotischen Erziehungsalltag. Meine Absicht und Hoffnung ist dabei, dass so der eine oder andere Aspekt in einer leichteren Form bei den Lesern andocken kann als in einer streng strukturierten Form. Auch damit knüpft dieses Buch an meine Beratungsarbeit an, in der sinnvolle Veränderungen der Ratsuchenden jeweils auf deren eigene Erfahrungen aufbauen, nicht nach Plan, sondern in bunter Vielfalt. Neben meiner Beratungsarbeit ist ganz selbstverständlich auch voll und ganz mein eigenes Vater-Dasein mit all seinen Höhen und Tiefen in dieses Buch eingeflossen. Das wäre ja auch merkwürdig, wenn das nicht der Fall wäre, und wohl auch gar nicht möglich. Ohne diese eigenen Eltern-Erfahrungen (und damit sehr hautnahe Möglichkeiten der Überprüfung des Geschriebenen) hätte ich mich wohl auch gar nicht getraut, solch einen

Ratgeber zu schreiben und zu veröffentlichen. Herzlichen Dank an meine Familie für viele Anregungen und Ideen für dieses Buch. Ich hoffe, dass Sie als Leser wirksame Hinweise für Ihren Erziehungsalltag aus diesem Buch mitnehmen können. Und ich wünsche Ihnen, dass Sie gute Wegbegleiter beim Aufwachsen Ihrer Kinder sein können.

Im Vordergrund dieses Buches stehen allgemeine Überlegungen, worauf es in der Erziehung von Kindern und Jugendlichen aus meiner Sicht ankommt. Der Schwerpunkt des Buches zielt somit ab auf grundsätzliche Haltungen, Werte und Sinnverständnis in der Erziehung. Die Beispiele dazu erleben Eltern im Alltag selbst in vielen Variationen. Meine Erfahrung als Erziehungsberater ist, dass es oft für Eltern hilfreicher ist, wenn eine grundsätzliche Haltung zu einer Erziehungsfrage erlangt werden kann. Wer eher einen vorwiegend an Beispielen orientierten Erziehungsratgeber lesen möchte, sei zum Beispiel das Buch von Jan-Uwe Rogge „Erziehung – Die 111 häufigsten Fragen und Antworten" empfohlen. Dem lexikalischen Charakter meines Buches ist geschuldet, dass manche Gedanken der Vollständigkeit wegen in verschiedenen Kapiteln vorkommen. Auf Querverweise verzichte ich, weil es das Lesen meines Erachtens eher behindert. Dieses Buch ist ein Begleitbuch zur praktischen Erziehungsberatung und kann diese nicht ersetzen. Wer sich für das grundsätzliche Verständnis der Erziehung interessiert, kann jedoch darin viele Anregungen finden. Die Tipps dieses Buches sind oft pur, kurz und knapp, manchmal pragmatisch. Wer das ganze Buch liest, wird dennoch merken, dass die Tipps im Gesamten eine Haltung vermitteln, die von Werten, Bedeutungen und Sinn geprägt ist.

Zwei zentrale Gedanken sollen am Schluss dieses Vorwortes stehen. Erstens: all diese Erziehungstipps haben wenig Wert ohne eine grundlegende liebende Haltung zum Kind, die eine gute Bindung des Kindes zu seinen Eltern ermöglicht. Zwar kann der eine oder andere Tipp auch eine Erleichterung an sich darstellen, seine ganze Kraft entfalten kann ein Tipp jedoch nur im Rahmen von Liebe und sicherer Bindung. Und zweitens: immer glückliche Kinder gibt es nicht. Es gibt nur manchmal glückliche Kinder. So ist das Leben. Aber wir Eltern können viel dafür tun, dass manchmal häufiger ist.

Jörg Matthée

Anfassen, erfassen und begreifen

Kinder lernen die Welt kennen, indem sie die Dinge dieser Welt begreifen. Im wahrsten Sinne des Wortes. Sie fassen etwas an und erfassen es so. Mit all ihren Sinnen. Sie ertasten es, fühlen es, riechen es, hören es, manchmal schmecken sie es. Das machen Kinder mit Vergnügen, spielerisch. Sie entdecken so die Welt. Meistens lassen sie sich ganz viel Zeit dabei.

Ein Beispiel: Einen ganzen Tag oder mehr können viele Kinder sich damit beschäftigen, Schnecken zu erkunden. Sie lassen die Schnecken durch die Landschaft, über Gegenstände oder Körperteile kriechen und fühlen, wie klebrig sich das anfühlt. Sie veranstalten Schneckenrennen und entdecken, auf welchen Materialien sich eine Schnecke besser fortbewegen kann. Mit ihren Händen begreifen sie die Schnecke, verstehen sie als Lebewesen. Sie erfassen vielleicht, wovon die Schnecke sich ernährt.

Kinder spüren dabei das Glück, ein Stück der Welt zu begreifen. Die Langsamkeit der Schnecke ist ideal für diese Erfahrung. Das ist nicht Unsinn, sondern Sinn. Wiederum im wahren Sinne des Wortes: eine sinn-liche Erfahrung, bei der ein Stück Welt begriffen werden kann. Diese Erfahrungen für Kinder gibt es im Original nur in der Natur, auf jeden Fall nur im Kontakt mit der Natur. Das kann natürlich auch beispielsweise im Kontakt mit Tieren (nicht nur Haustieren, sondern auch Insekten und anderen Lebewesen), Pflanzen oder Natur-Materialien im Haus oder in der Wohnung sein. Entscheidend ist, dass das Begreifbare anfassbar ist.

Kein Ersatz dafür ist die Welt der Medien. Kein Fernseher oder Computer kann diese beschriebenen Erfahrungen den Kindern vermitteln. Forschungen haben ergeben, dass Kinder, die überwiegend in einer Lebensweise mit Medien aufwachsen, erhebliche Defizite in der motorischen Entwicklung aufweisen. Und da Körper und Geist nicht unabhängig voneinander existieren, sind auch Auswirkungen auf die geistige Entwicklung der Kinder zu befürchten, wenn Kinder aufwachsen, ohne die Welt wortwörtlich zu begreifen.

Manche Eltern halten ihre Kinder von diesen hautnahen Erfahrungen ab, statt diese zu fördern. Sie tun das beispielsweise aus eigenen Gefühlen des Ekels oder der Angst vor Schmutz oder Krankheit. Oder sie tun das, weil sie es selbst so gelernt oder erfahren haben. Oder aus reiner Vorsicht. Zumeist also in bester Absicht. Damit greifen sie jedoch leider in nicht guter Weise in die Welt-Erfahrung ihrer Kinder ein. Kinder wissen manchmal halt besser, was ihnen gut tut.

Tipp: **Ein Kind spielt gerne so, dass es die Welt mit den Händen anfassen, erfassen und begreifen und auf diese Weise mit all seinen Sinnen verstehen kann.**

Ängste und Schutz

Es mag zu den größten Missverständnissen in der Erziehung gehören, dass die Angst von Kindern etwas ist, das es zu beseitigen gilt. „Hab' keine Angst!" heißt die Aufforderung dann zum Beispiel. Das ist in der Regel gut gemeint. Und tatsächlich hat die Aufforderung „Hab' keine Angst!" auch eine gute Seite, nämlich zu beruhigen und Mut zuzusprechen. Soweit ist das also – zum Teil – auch in Ordnung. Aber häufig wird damit die sinnvolle Funktion der Angst übersehen: Angst schützt. Gerade die kindliche Angst reguliert die Erfahrung, bremst etwas ab und mahnt zur Vorsicht. Das ist durchaus sinnvoll, damit das Kind nicht immerzu auf die Nase fällt. Ein Kind kann die Gefahren des Lebens noch nicht so gut einschätzen. Dabei ist es normal, dass es sich den einen oder anderen Kratzer zufügt. Auch erlittene Kratzer sind Lernerfahrungen. Das regulierende Gefühl jedoch ist die Angst. Sie achtet darauf, dass ein Kind nicht in gefährliche Situationen stürzt, sondern sich an sie herantastet.

Ein Beispiel: Ein Kind, das in einen unbekannten Fluss springt, um zu baden, handelt nicht mutig, sondern leichtsinnig. Schützende Angst würde es dazu bewegen, zunächst die Fluss-Tiefe und die Fluss-Strömungen an der Badestelle vorsichtig zu erkunden.

Kinder und auch Erwachsene, die keine oder kaum Angst spüren, haben ein höheres Unfallrisiko als Kinder und Erwachsene, die ihre Ängste spüren und als regulierend für ihre Lebenserfahrungen nutzen.
Wirklich mutige Kinder wachsen nicht damit auf, dass sie ihre Angst verleugnen, sondern dass sie Gefahren realistisch einschätzen lernen. Wirklicher Mut enthält somit Selbst-Bewusstsein in dem wörtlichen Sinn, dass sich Kinder ihrer selbst mitsamt ihren Gefühlen, auch ihrer Angst, bewusst sind.

Tipp: **Ein Kind sollte von den Eltern so begleitet werden, dass es seine Ängste nicht verleugnen muss, sondern als regulierend und schützend für seine eigenen Lebenserfahrungen nutzen kann.**

Aufräumen

Über wenig anderes gibt es in Familien so viel Streit und Ärger wie über das Aufräumen. Unordnung im Kinderzimmer, im Flur stehende Schulsachen, im Badezimmer hingeschmissene Kleidungsstücke sind häufig Auslöser für den Ärger der Eltern. Kinder nehmen es von selbst oft nicht so genau mit der Ordnung ihrer Sachen. Auch einfache Appelle nutzen da meistens wenig. Dabei setzen Eltern manchmal zu viel voraus oder sind selbst auch nicht die besten Vorbilder.

Eine Ordnung finden und halten können setzt, das wird leicht übersehen, ein entsprechendes ordentliches, strukturiertes Denken voraus. Und dafür braucht es etwas Übung. Kinder lernen Ordnung und Struktur am besten, wenn sie in nicht übertriebener, aber regelmäßiger Weise darin begleitet werden, eine Ordnung zu finden, zum Beispiel in ihrem Kinderzimmer. Dazu gehört zunächst einmal, gemeinsam mit dem Kind eine Ordnung zu suchen für die Vielfalt von Sachen, die es gibt: für Wäsche, Spielzeug, Bücher, CDs, Schulsachen und vieles mehr. Für all diese Dinge sind natürlich entsprechend passende Plätze in einem Schrank, in Schubladen, Regalen oder Kartons nötig, die möglichst auch noch sinnvoll angeordnet sind. Wichtig ist, diese Schritte bereits gemeinsam mit dem Kind zu entwickeln und nicht über dessen Kopf hinweg. Einmal täglich, am besten abends, braucht ein Kind dann noch jahrelange Begleitung darin, dass es zum Abschluss des Tages all die Dinge, mit denen es am Tag intensiv gespielt oder gearbeitet hat, wieder an die üblichen Plätze zurück räumt. Das sollten Eltern in der Regel nicht für das Kind tun, sondern es einfach dabei begleiten. Eltern können ihr Kind ganz gelassen oder sogar spielerisch dabei unterstützen, die passenden Plätze zu finden. So entspannt kann Aufräumen auch Spaß machen. Es geht nicht darum, Druck auf das Kind auszuüben, sondern Aufräumen als eine Selbstverständlichkeit zu praktizieren so wie das Zähneputzen. Im Lauf der Jahre wird es dann auch für das Kind zur Selbstverständlichkeit, vielleicht sogar zum Bedürfnis. Natürlich gibt es auch immer Ausnahmen von der Regel: zum Beispiel, wenn ein Kind etwas Interessantes gebaut hat, wird sicherlich eine Möglichkeit zu finden sein, dieses Werk für einige Tage stehen zu lassen.

Tipp: **Ein Kind braucht insbesondere in den ersten Lebensjahren Begleitung dabei, Ordnung und Struktur in seinen Sachen und damit auch in seinem Denken zu finden.**

Augenhöhe

Es kommt nicht so selten in Familien vor, dass Kindern etwas hinterher gerufen wird, vielleicht noch um eine Ecke herum oder über den Flur, vielleicht in gereiztem, ermahnendem Ton. Nicht weniger selten passiert es, dass Kinder während ihres Spielens so nebenbei angesprochen werden. Meistens handelt es sich um irgendwelche unerledigten Aufgaben, die die Kinder schnellstens erfüllen sollen. Und dann wundern sich die Eltern kurze Zeit später, dass die Erledigung auf sich warten lässt, was die Eltern noch mehr ärgert. Manchmal gibt es dann sogar noch mehrere Durchgänge desselben, bei denen zusätzlich dem Kind Vorwürfe gemacht werden, dass es nicht hört, was ihm gesagt wird. Und das ist wohl tatsächlich so. Das liegt aber einfach daran, dass Kinder nicht so leicht aufnehmen, was ihnen gesagt wird, wenn sie in ihr Spiel vertieft sind oder wenn sie irgendwo unterwegs sind. Eltern und andere Erziehungspersonen sollten das beachten, wenn sie ihr Kind wirklich erreichen wollen. Tatsächlich ist es wohl so, dass Eltern häufig wenig Zeit haben und ihrem Kind daher schnell etwas zurufen, eben so nebenbei, zum Beispiel bei der Hausarbeit. Das ist nachvollziehbar und durchaus verständlich. Erst wenn Eltern erkennen, dass damit gar keine reale Zeitersparnis verbunden ist, weil Zeit raubende Wiederholungen nötig sind oder die Wirkung ganz verpufft, sind sie zu einer Verhaltensänderung bereit.

Eltern, die wirklich mit ihren Kindern in Kontakt kommen und sicher gehen wollen, dass ihr Kind auch aufnimmt, was sie sagen, bleibt die folgende Möglichkeit: Eltern können direkt zu ihrem Kind hingehen und sich auf Augenhöhe zum Kind begeben. Sonst sprechen Eltern aufgrund des Größenunterschieds immer von oben herab, was kein so schöner Kontakt ist, da das Kind dann im wahren Sinne des Wortes zu den Eltern aufschauen muss. Eltern können dann im Augenkontakt zu ihrem Kind an den Reaktionen des Kindes ablesen, ob sie sich wirklich im Kontakt befinden. Wenn Eltern dann nachfragen, was das Kind von dem hält, was sie ihm gesagt haben, kommen die Eltern auf diese Weise ins Gespräch mit ihrem Kind und das Gesagte und Gewünschte erzielt eine wesentlich nachhaltigere Wirkung bei dem Kind. Zusätzlich wichtig ist auch, dass Eltern dabei Vorbilder für einen respektvollen Umgang sind, was zum Beispiel bedeutet, dass sie geeignete Zeitpunkte für das Ansprechen finden. Die Eltern sollten abwägen, ob die Angelegenheit so dringend ist, dass sie dafür zum Beispiel ein spannendes Spiel des Kindes unterbrechen müssen. So lernt ein Kind am Vorbild der Eltern gleichzeitig einen respektvollen Umgang mit anderen.

Tipp: **Mit einem Kind auf Augenhöhe lässt sich vieles leichter besprechen und klären.**

Auseinandersetzung: miteinander reden

Kinder brauchen die Auseinandersetzung mit ihren Eltern und anderen wichtigen Bezugspersonen. Sie benötigen ein Gegenüber, an dem sie sich orientieren, sich reiben, von dem sie sich abgrenzen können, an dem sie wachsen können. Grundvoraussetzung ist natürlich, dass dafür Zeiten, Orte und Gelegenheiten da sind, um miteinander zu reden: ungestörte Momente. Wenn ein Fernseher oder ein PC-Spiel dabei läuft, ist das in der Regel kein ungestörter Moment – außer genau dieser Schutz ist in dem Moment nötig, um überhaupt erst einmal ein Gespräch zu beginnen. Manchmal ist ein Anfang nur so nebenbei möglich. Auf Dauer ist diese Nebenbei-Gesprächsform nicht ideal. In vielen Familien wird nur noch wenig gesprochen. Da ist das Gegenüber nicht der Vater oder die Mutter, sondern tatsächlich der Fernseher oder das Notebook. Eine lebendige Auseinandersetzung ist damit nicht möglich, allenfalls eine virtuelle. Sicherlich ist im Internet eine sachliche, thematische Auseinandersetzung mit vielen Themen möglich. Das ist hier jedoch nicht gemeint. Gemeint ist, dass in Gesprächen mit dem Kind die Eltern sichtbar, spürbar, erkennbar, begreifbar werden für das Kind als Persönlichkeiten, die etwas tun, etwas denken, etwas fühlen, für etwas stehen. Daran kann sich das Kind entwickeln. Damit kann das Kind in vielen Auseinandersetzungen zu einer eigenen Persönlichkeit heranreifen, eine eigene Sichtweise entwickeln, einen eigenen Geschmack verfeinern, eine eigene Meinung bilden. Es kann sich im Verlauf der Entwicklung von den Eltern abgrenzen und eine eigenständige Lebensweise entwickeln. Das gelingt nicht so gut, wenn diese Auseinandersetzung mit den Eltern nicht oder kaum stattfinden kann. Woran soll sich das Kind halten?

Diese Auseinandersetzung ist auch dann noch wichtig, wenn das Kind schon jugendlich ist und bereits eigene Wege geht. Jugendliche signalisieren oft, dass diese Auseinandersetzung sie nicht interessiert, reagieren vielleicht nicht oder kaum. Auch dann ist die Auseinandersetzung noch nicht überflüssig geworden, im Gegenteil. Stellen Eltern die Auseinandersetzung, das Reden mit Ihrem Kind zu diesem Zeitpunkt ein, könnte ein Kind das so erleben, als sei es nun den Eltern gleichgültig geworden, als sei egal, was es macht. Eine schreckliche Vorstellung, den eigenen Eltern gleichgültig zu sein. Allein dieser Gedanke sollte Eltern weiter motivieren, auch mit jugendlichen Kindern, die sich in einer Abwehrhaltung befinden, beständig und manchmal auch hartnäckig die Auseinandersetzung zu suchen. Das Kind wird es den Eltern allerdings erst viel später danken. Einen Dank zu diesem Zeitpunkt können Eltern von einem jugendlichen Kind tatsächlich nicht erwarten.

Tipp: **Eltern sollten mit ihrem Kind reden und sich mit ihm "über Gott und die Welt" auseinandersetzen, wenn es nicht den Eindruck haben soll, dass es den Eltern gleichgültig ist.**

Autorität

Autorität ist auch nicht mehr das, was sie mal war. Und das ist gut so. Autorität ist in den letzten Jahrzehnten einem starken Wandel unterworfen. War sie früher in hohem Maße selbstverständlich von den Positionen und Funktionen bestimmt, muss sie heute in viel stärkerem Maße erworben und gefüllt werden. Eltern und Lehrer hatten in früherer Zeit in ihren Rollen zumeist diese selbstverständliche Autorität gegenüber den Kindern. Die Autorität war verbunden mit Macht, Kontrolle,

Distanz, Strenge und nicht selten auch mit Gewalt. Auf Seiten der Kinder standen Gehorsam, Disziplin, oft auch Angst. Zumeist gab es einen deutlichen Vorsprung von Eltern und Lehrern gegenüber den Kindern in Wissen, Kompetenz und Erfahrung.

Durch das hohe Tempo des gesellschaftlichen Wandels insbesondere in den letzten Jahrzehnten hat sich der Vorsprung an Wissen und Kompetenz, den Eltern wie Lehrer früher hatten, deutlich verringert. Manchmal wissen Kinder und Jugendliche heute sogar in bestimmten Bereichen wie zum Beispiel Computertechnik mehr als ihre Eltern und Lehrer. Das hat Einfluss auf die Autoritätsbeziehung und verändert sie. Aber auch die antiautoritäre Bewegung und der kulturelle Wandel, mit denen nicht nur für die Erziehung Werte wie Selbständigkeit, Autonomie und Freiheit wichtiger wurden, hatte maßgeblichen Einfluss auf die Eltern-Kind-Beziehung und die Lehrer-Schüler-Beziehung.

Auch wenn es immer wieder Bewegungen gibt, alte Autoritätsideale aufzufrischen, so zeigen nicht zuletzt die historischen Erfahrungen des Nationalsozialismus, dass wir eine Erziehung zu mündigen, selbstbewussten und kritischen Persönlichkeiten für eine demokratische Gesellschaft brauchen. Die Suche nach alten Autoritätsidealen entsteht meistens aus Verunsicherung in der Erziehung, wenn noch keine neue Sicherheit im Umgang mit Kindern erreicht wurde. Wie nun schaffen wir das am besten?

Die Konsequenz daraus, dass die Autorität aufgrund von Position, Funktion und Status an Macht verloren hat, ist, dass Autorität mehr denn je erworben und gefüllt werden muss. Das ist logisch, wenn sie nicht per se vorhanden ist. Und wenn Autorität nicht mit Äußerem verbunden sein soll, dann mit dem Inneren, mit den inneren Werten. Das kann neben dem Wissen und der Kompetenz einer Person auch deren überzeugender Charakter sein. Kaum eine Person ist in diesem Kriterium stärker als ein in sich ruhender Mensch mit der natürlichen Autorität einer authentischen Persönlichkeit. Solche wahrhaftigen Eltern sind für das Kind klar erkennbar, ehrlich, spürbar, aber auch deutlich und standhaft. Für ein Kind kann es für den eigenen Halt und die eigene Orientierung wohl kaum bessere Eltern geben, wenn diese ihrem Kind zudem liebevoll zur Seite stehen und sich mit ihm auseinandersetzen.

Tipp: **Authentische Eltern sind für die Kinder klar erkennbar, ehrlich, spürbar, aber auch deutlich und standhaft und erhalten damit ihre Autorität dem Kind gegenüber.**

Bewegung und Sport

Eigentlich weiß es jeder. Es tut einfach nicht gut, nicht der Seele und nicht dem Geist, zu viel zu sitzen, zu liegen, vor dem Fernseher, vor dem Computer, vor der Playstation, auch zuweilen vor Büchern und Heften. Wer sich eine längere Weile nicht bewegt, wird schlapp, passiv oder gar antriebslos. Davon gibt es Ausnahmen. Schlaf wird in ausreichendem Maß benötigt und ist gesund. Auch konzentrierte Entspannungsverfahren können einen erholsamen Nutzen haben.
Die andere Seite kennt auch fast jeder. Wer sich motivieren konnte, sich zu bewegen, rauszugehen, selbst bei schlechtem Wetter, wer gar Sport treibt, tanzt, Fußball spielt oder läuft, der fühlt sich hinterher nicht nur besser als vorher, sondern kann sich aufgrund der Aktivierung und guten Durchblutung auch besser konzentrieren.

Warum schreibe ich das, obwohl es fast alle Menschen wissen? Weil es bei vielen Menschen so leicht in Vergessenheit gerät. Auch bei Eltern. Die Bewegung und auch der Sport wird immer noch häufig als nachrangig zu den geistigen Leistungen angesehen. Erst die Hausaufgaben, dann die Freizeit und darin enthalten der Sport und die Bewegung, das ist ein bekanntes Motto. Manchmal werden die sportlichen Aktivitäten bei nicht genügenden schulischen Leistungen des Kindes sogar vom Tages- oder Wochenprogramm gestrichen. Macht das Sinn? In den meisten Fällen nicht. Zusätzlich zur fehlenden körperlichen Aktivierung kommt dann noch eine Deprimierung durch die Strafe und den Entzug der körperlichen Betätigung. Das ist selten leistungsfördernd.

Grundsätzlich sollten körperliche und geistige Aktivitäten in einem gesunden Rhythmus stehen. Das ist die gesündeste Variante. Kinder, die zwischendurch laufen, rennen, schaukeln, klettern und Ball spielen dürfen, sind dann wieder umso mehr bereit für geistige Aktivitäten. Kinder und Jugendliche, die regelmäßig einen Sport treiben, der ihnen Spaß macht, erwerben sich auf diese Weise die nötige Fitness für konzentriertes geistiges Arbeiten. Diese Kinder und Jugendlichen fühlen sich zudem in der Regel auch wohler und sind im Allgemeinen entspannter.

Tipp: **Wenn Kinder sich viel bewegen, möglichst an frischer Luft, dann aktiviert das auch Seele und Geist.**

Beziehungsebene

Die 10 Gebote der Bibel sind in der Sprache des „Du sollst (nicht)…" verfasst. Diese Gebote beziehen sich auf eine höhere göttliche Macht, die Grundlage dieser Gebote sind und mit einer moralischen Kraft ausgestattet waren oder zum Teil auch noch sind. Kinder-Erziehung war lange Zeit in entsprechender Weise moralisch. Die eher distanzierte Autorität der Eltern war ebenso eine Erziehung mit der Sprache des „Du sollst (nicht)…". Grundlagen des „Du sollst (nicht)…" waren ein Katalog von Normen und Regeln, die einen Verhaltenskodex für Kinder und Heranwachsende darstellten. Abweichungen von der Norm wurden in der Regel sanktioniert. Strafen für Kinder und Heranwachsende waren an der Tagesordnung. Es gibt Lebensbereiche, in denen das auch heute noch so ist.

Wenn ich das Beschriebene hier trotzdem in der Vergangenheitsform darstelle, dann deshalb, weil Erziehung von Kindern gerade auch in diesem Punkt seit Jahren einen erheblichen Wandel vollzieht. Das mag darin begründet sein, dass der von vielen beklagte Verfall von Traditionen und Werten mit sich bringt, dass Normen und Regeln in allgemein gültiger Form kaum noch bestehen. Der Erziehung des „Du sollst (nicht)..." wurde so allmählich die Grundlage entzogen. Stattdessen gibt es heute eher eine Vielfalt von Möglichkeiten, aus der ausgewählt werden kann, entsprechend auch viele Möglichkeiten, ein Kind zu erziehen – oder nicht zu erziehen. Das macht Erziehung zu einer Anforderung, die eine neue Form der Anstrengung enthält. Kaum etwas ist selbstverständlich oder eben normal in der Erziehung. Die Wahl, wie Eltern ihre Kinder erziehen, kann subjektiv damit auch zur Belastung werden. Andererseits ist die neue Offenheit auch mit Chancen verbunden. Die persönliche Beziehung der Eltern zum Kind ist an die Stelle allgemeingültiger Normen und Regeln getreten. Gewissermaßen machen sich Eltern und Kinder gemeinsam auf den Weg, wobei die Eltern durchaus voran gehen, damit sich die Kinder nicht verlaufen.

Diese andere Art der Eltern-Kind-Beziehung hat auch maßgeblichen Einfluss darauf, wie Eltern mit Kindern sprechen. Da dem „Du sollst (nicht)..." weitgehend die Grundlage entzogen wurde, kann an dessen Stelle ein „Ich (Mutter oder Vater) möchte, dass du (Kind) dir jetzt die Zähne putzt... oder jetzt deine Hausaufgaben machst... oder deine Musik leiser stellst, weil sie mir in den Ohren dröhnt..." treten. Bei näherer Betrachtung müssen sich die Inhalte der Erziehung nicht unbedingt alle gegenüber früheren Zeiten geändert haben, aber angelangt auf der Beziehungsebene zwischen Eltern und Kind bieten sie nun die Möglichkeit einer persönlichen und authentischen Auseinandersetzung zwischen Eltern und Kind. Darin liegt eine besondere Chance heutiger Erziehung. Eltern müssen (und können) sich nicht hinter allgemeinen Regeln und Normen verstecken, sondern sind in direkter Beziehung zu ihrem Kind. Das fordert von den Eltern jedoch immer wieder Klärungen des Weges, den sie dabei gehen wollen.

Tipp: **Die persönliche Beziehung der Eltern zum Kind ist maßgeblich geworden für den Weg des Kindes. Damit ändert sich auch, wie Eltern ihr Kind ansprechen.**

Ehrlichkeit und Authentizität

Kinder erleben von ihren Eltern und von anderen um sich herum verschiedene Formen des Umgangs, die sie lesen lernen müssen, um sich im Dschungel der Umgangsformen zurechtzufinden. Dabei gibt es bei genauerer Betrachtung erstaunlich viele Kommunikationsstile, die der Ehrlichkeit und Authentizität zumindest nicht die Priorität einräumen, so zum Beispiel Höflichkeit, Freundlichkeit, Hochmut, Ironie, Falschheit, Berechnung oder Verrücktheit. Solche Kommunikationsarten zu erleben, kann für Kinder verwirrend sein. Es kann aber auch eine Herausforderung sein, so, als ob sie eine fremde Sprache lernen. Wenn sie dergleichen häufig oder dauernd erleben, kann das die Kinder auch verrückt machen, insbesondere dann, wenn sie mit vielen Doppelbotschaften konfrontiert sind. Das heißt, dass sie zwei Botschaften gleichzeitig erhalten, die sich eigentlich widersprechen und die daher keine Orientierung ermöglichen. Das ist zum Beispiel der Fall, wenn Eltern mit den Worten eine Erlaubnis erteilen und gleichzeitig mit der Gestik und der Mimik ein Verbot. Kinder haben allerdings insgesamt eine erstaunliche Stärke, sich auch gegen vielerlei kommunikative Einflüsse zu behaupten und sich im wahren Sinne des Wortes nicht gleich verrückt machen zu lassen. Ein prägender Einfluss durch die Kommunikationsstile der unmittelbaren Umwelt ist jedoch ohne Zweifel vorhanden. Am besten können sich Kinder orientieren, wenn ihre Eltern und vertrauten Personen direkt, ehrlich und authentisch mit ihnen sprechen. Damit geben sie den größtmöglichen Halt, weil die wichtigsten Kontaktpersonen für die Kinder dann sichtbar, spürbar und erfahrbar sind. Eine Orientierung an einer Person, die nicht in ihrer Kontur und ihrer Haltung erkennbar ist, ist schwer möglich. Für Eltern kann das bedeuten, dass sie selbst gefordert sind, an ihrer eigenen

Persönlichkeitsentwicklung zu arbeiten, um ihrem Kind ehrlich und authentisch gegenüber stehen zu können.

Tipp: **Ein ehrlicher und authentischer Umgang mit Kindern bietet dem Kind die Möglichkeit, wahrhaftige Orientierung und Halt zu erfahren.**

Eigene Erfahrungen

Der gegenwärtige Trend bei vielen Eltern, gut auf ihre Kinder aufzupassen, um sie besorgt zu sein, sie vor Gefahren zu warnen und zu schützen, sie zu behüten, wenn nicht gar überzubehüten, hat nachvollziehbare Ursachen. Niemals zuvor gab es eine derartige Medienfülle mit Berichterstattungen über Kindesgefährdungen der verschiedenen Art: Verkehrsunfälle, Naturkatastrophen, Gewalttaten, sexueller Missbrauch, Kindesentführung und vieles mehr. Es ist durchaus verständlich, dass solche Meldungen Eltern Angst machen. Zwar sind die meisten dieser Gefährdungen in Relation zur Gesamtzahl der Kinder selten, das ändert aber nichts an der Sorge oder gar Angst der Eltern, denn die wird durch die Vorstellungskraft ausgelöst, dass diese Gefährdungen eintreten könnten. Eine geringe Wahrscheinlichkeit mindert die Sorgen und Ängste kaum. Zusätzlich zu den Berichterstattungen über reale Ereignisse kommen noch eine Vielzahl von Fernseh- und Kinofilmen, die manche dieser Themen gerne aufgreifen und damit zusätzliche Ängste schüren.

Demgegenüber steht jedoch, dass nichts bei dem Aufwachsen des Kindes so lehrreich ist wie die eigenen Erfahrungen. Und das gilt für viele Lebensbereiche. Geschicklichkeit und motorische Fähigkeiten werden nur durch eigene Bewegungsübungen trainiert. Es kann zwar als Vorbereitung hilfreich sein, sich einen Film anzusehen, wie es am besten geht, auf einen Baum zu klettern, aber nur durch das eigene Ausprobieren des Kletterns mit Versuchen und manchem Irrtum erlernen es Kinder wirklich. Und wer es mit sechs Jahren versucht, lernt es leichter als mit 20 Jahren. Die Sicherheit mit Händen und Füßen und die komplexe Körperkoordination erwerben Kinder durch die eigenen Erfahrungen. Und gerade die frühen Lernerfahrungen, in denen das Kind besonders schnell und viel lernt, sind dabei besonders prägend.

Die Bedeutung eigener Erfahrungen gilt auch für ganz andere Lebensbereiche als jene, die mit der körperlichen Geschicklichkeit und Motorik zu tun haben. Wer beispielsweise fast ohne Kontakte zu Ausländern aufwächst, wie es in Deutschland zum Beispiel in den dünn besiedelten Neuen Bundesländern noch recht häufig der Fall ist, kennt diese Kontakte nicht oder kaum aus der eigenen Erfahrung und steht Ausländern daher oft ängstlich und latent feindselig gegenüber. Durch eigene Erfahrungen im Umgang mit Ausländern, zum Beispiel durch entsprechende Ferienaufenthalte oder interessante Begegnungsprojekte, können Kinder diese Unvertrautheit und Ängstlichkeit oder gar Feindseligkeit gegenüber Fremden oft schnell abbauen. Die eigene Erfahrung ist die solideste Grundlage, etwas nachhaltig zu lernen.

Tipp: **Die besten Vorträge und Vorbilder und der beste Schutz können eigene Erfahrungen des Kindes nicht ersetzen. Die eigene Erfahrung ist die solideste Grundlage, etwas nachhaltig zu lernen.**

Einschlafen

Es gibt Trainingsprogramme für das Einschlafen von Kindern, die offenbar durchaus wirksam sein können. Ob sie menschlich und liebevoll sind, ist eine andere Frage. Wenn wir die liebevolle Beziehung zum Kind in den Vordergrund stellen und davon ausgehen, dass ein Kind dann einschläft, wenn es müde ist und eine sichere Bindung zu seinen wichtigsten Bezugspersonen vorhanden ist, es sich also sicher und geborgen fühlt, dann fehlen meistens nur noch wenige Ergänzungen, damit ein Kind einschlafen kann.

Wichtig für das Einschlafen sind die räumlichen Bedingungen. Ein ausreichend gelüfteter, idealerweise etwas abgekühlter und abgedunkelter Raum hilft beim Einschlafen.
Manche Kinder haben Angst vor völliger Dunkelheit. Dann hilft ein schwach scheinendes Nachtlicht.
Darüber hinaus ist wichtig, dass ein Kind am vorausgehenden Tag genügend Bewegung und frische Luft hatte und sich gesund ernährt und ausreichend getrunken hat. All das hat eine positive Nachwirkung auf das körperliche Wohlbefinden beim Einschlafen. Ein Kind sollte beim Einschlafen auch ausreichend müde sein. Es macht wenig Sinn, Einschlafzeiten festzulegen, zu denen das Kind in der Regel noch nicht müde ist. Manche Kinder sollen zu viel schlafen, insbesondere, wenn sie auch noch einen Mittagsschlaf machen.
Ebenso wichtig ist, dass ein Kind mit all den Einflüssen und dem Erlebten des Tages positiv abschließen kann. Also sollte es neben dem selbstverständlichen Zähneputzen sich auch etwas waschen, zumindest die Hände und das Gesicht, je nachdem, wie schmutzig es sich am Tag gemacht hat. Dazu gehört auch das Aufräumen von all den Sachen, mit denen das Kind am Tag gespielt und gearbeitet hat. Dabei sollten Eltern es auch, je

nach Alter mehr oder weniger, begleiten. Das ist eine gute Möglichkeit, ganz entspannt manche Erlebnisse des Tages noch mal kurz Revue passieren zu lassen. Auch ein gemeinsamer gedanklicher Rückblick auf den Tag, ein „Vom Tag erzählen" schafft wohltuenden Abstand zum Tag, hilft, die Erlebnisse vom Tag zu verarbeiten, sowohl positive wie auch negative.
Schließlich lieben Kinder selbst vorgelesene Gute Nacht-Geschichten und gesungene Gute Nacht-Lieder direkt vor dem Einschlafen. Manche Kinder schlafen dann sogar schon beim Vorlesen oder Singen ein. Bei christlichen Familien steht an dieser Stelle auch ein Gute Nacht-Gebet. Eine liebevolle Umarmung und ein Gute Nacht-Kuss vor dem Einschlafen sollte natürlich auch nicht fehlen.

Die genannten Abläufe vor dem Einschlafen bilden in der immer gleichen Reihenfolge das Sicherheit und Geborgenheit für das Kind schaffende Abend-Ritual.
Wenn jedoch eine unsichere Bindung zur Mutter oder zum Vater als mögliche Ursache für Einschlafprobleme in Frage kommt, dann kann es hilfreich sein, Erziehungsberatung bei einer entsprechenden Beratungsstelle in Anspruch zu nehmen. Eine innigere Bindung zu Mutter und Vater kann auch dadurch geschaffen werden, dass ein Kind im frühen Alter mit im Elternbett schlafen darf, insbesondere dann, wenn es nachts Angst hat. Damit wird eine Grundlage für mehr Sicherheit und Geborgenheit für das Kind geschaffen.

Tipp: **Ein liebevolles Abend-Ritual hilft dem Kind, besser einschlafen zu können.**

Ekel und Abwehr

Es hat eine gewisse Normalität, dass Kinder von ihren Eltern oder anderen ermuntert werden, Dinge zu tun, die sie eigentlich nicht tun möchten. Da lässt sich darüber philosophieren und auch streiten, ob das in manchen Fällen sinnvoll ist oder nicht, zum Beispiel, wenn Kinder schulische oder häusliche Aufgaben erfüllen sollen. An dieser Stelle soll es darum gehen, dass es schädlich für die Entwicklung des Kindes sein kann, wenn bei dem Umgang mit dem Kind wesentliche Gefühle des Kindes wie Ekel und innere Abwehr übergangen und ignoriert werden. Ekel und innere Abwehr haben in der Geschmacksbildung und der Wahrnehmung eine sinnvolle unterscheidende Funktion. Sie lehren das Kind, was schmeckt und was nicht, was gut für es ist und was nicht. Das Kind lernt auf diese Weise, das, was von außen auf es zukommt, zu filtern in gut und schlecht, passend und unpassend, angenehm und unangenehm, wohlschmeckend und unappetitlich. Damit bildet sich ein erhebliches Spektrum an sensiblen Fähigkeiten heraus, vom guten Geschmack bis hin zum guten Gefühl für eine passende Partnerwahl. Wer diese Fähigkeiten früh abtrainiert bekommt, mag in solchen tiefgehenden Fähigkeiten später weniger Sicherheit haben und ist dann entsprechend mehr gefährdet, sich etwas Ungutes antun zu lassen, vom schlechten Essen bis hin zu grenzverletzendem Verhalten von anderen. Ekel und innere Abwehr bilden sinnvolle Grenzen aus, etwas in vielerlei Hinsicht Unappetitliches zu verweigern. Das kann der mit ranzigem Öl angemachte Salat sein oder auch der sich unangenehm anfühlende Kuss des Onkels oder der Tante.

Tipp: Es ist wichtig, ein Kind darin zu stärken, sich bei dem Erleben von Ekel und innerer Abwehr verweigern zu dürfen.

Eltern-Rivalität

Die Dreiecksbeziehung Mutter-Vater-Kind enthält nicht selten einige Dramatik, so wie das bei vielen Triaden, den Beziehungen zwischen drei Menschen, der Fall ist. Bei drei Menschen droht immer die Situation, dass einer davon außen vor ist, während die beiden anderen sich verbünden.

In der griechischen Sage vom Sohn Ödipus tötet dieser seinen Vater, um seine Mutter zu heiraten. Unsere Alltagsrealität ist zumeist nicht ganz so lebensgefährlich, aber doch nicht ohne Emotionen. Weniger die Sexualität, die frühe Psychoanalytiker besonders hervorgehoben haben, scheint heute die Triebkraft der Rivalitäten und Eifersüchte zu sein, sondern die Eitelkeit oder der Narzissmus, wer mehr geliebt wird oder besser da steht, auch in den Augen des Kindes. Oft ist es so, dass beide Eltern sehr bemüht sind, gute Eltern zu sein. Doch wie merken sie, ob sie diesen Anspruch erfüllen? Sie können Erziehungsratgeber lesen und sich auf diese Weise vergewissern. Sie können sich mit anderen Eltern austauschen, um ihre eigene Erziehung einschätzen zu können. Sie können Bestätigung beim Partner finden. Sie können die Antwort bei sich selbst suchen. Oder sie versuchen an der Resonanz des Kindes abzulesen, ob ihnen Erziehung gelingt. Die letzte Möglichkeit erscheint zwar durchaus auch naheliegend, birgt aber die Gefahr, dem Kind zu viel Einfluss einzuräumen in der Beurteilung der Eltern, falls Eltern beim Kind Bestätigung für ihr eigenes erzieherisches Handeln suchen.

Da Mutter und Vater verschiedene Menschen sind mit manchmal unterschiedlichen Ansichten, auch über Erziehung, kann Rivalität zwischen Eltern entstehen, welcher Weg der richtige Erziehungsweg ist. Soll das Kind um 16 Uhr wieder zuhause sein oder doch erst um 18 Uhr, soll es eine Jacke anziehen oder reicht das T-Shirt, hat es sich akzeptabel verhalten oder war es unfreundlich zu den Verwandten? Wenn Eltern die Resonanz, eine gute Mutter oder ein guter Vater zu sein, beim Kind suchen, kann das leicht dazu führen, dem Kind das eine oder andere Mal möglicherweise in seinen Wünschen und Sichtweisen zu sehr entgegenzukommen, auch wenn das vielleicht in der konkreten Situation nicht mehr sinnvoll ist. Das Kind verliert dabei möglicherweise den Respekt vor Mutter oder Vater und es fehlt dann an nützlicher Auseinandersetzung.

Konkurrenz zwischen den Eltern führt leicht zu Kollusionen oder Koalitionen zwischen einem Elternteil und dem Kind, die für die seelische Entwicklung des Kindes ungut sein können. Rechtzeitige Klärungen und ein offener Umgang mit solchen Konflikten sind nötig, um zur Gelassenheit in der Erziehung zurückkehren zu können. Permanent unterschwellige Rivalitäten können ansonsten die Familienatmosphäre dauerhaft belasten. Zur grundsätzlichen Erkenntnis gehört dabei zumeist, dass es Phasen im Leben des heranwachsenden Kindes gibt, in denen mal die Mutter oder mal der Vater wichtiger als Bezugsperson sind. Für Eltern ist es eine Herausforderung, solche Phasen weder als persönliche Zurückweisung durch das Kind noch als besondere Auszeichnung zu erleben, sondern mit Blick auf das Kind als eine Zeitspanne, in der das Kind gerade Mutter oder Vater besonders für die eigene Entwicklung benötigt.

Tipp: **Die Dreiecksbeziehung Mutter-Vater-Kind ist selten frei von Rivalitäten und Eifersuchtsgefühlen. Es gilt, mit diesen gelassen und klärend umzugehen.**

Ernst nehmen

Die beste Grundlage in der Erziehung eines Kindes und für die Entwicklung des Kindes ist, wenn ein Kind von den Eltern ernst genommen wird und das Kind sich entsprechend ernst genommen fühlt. Das bedeutet, dass Eltern ihrem Kind zunächst richtig zuhören und ernst nehmen, was das Kind oder der oder die Jugendliche sagt. Dazu gehört auch, dass Eltern ihr Kind ausreden lassen, ihm nicht ins Wort fallen, wenn es etwas mitteilt. Im Mitteilen ist das Teilen der Erfahrung und die Anteilnahme bereits im Wortsinn enthalten.

Es gibt zwei Arten von Erfahrungen, die das Kind besonders intensiv erlebt. Da sind auf der einen Seite Kummer, Probleme, Sorgen, Ängste und Beschwerden, die ernst zu nehmen sind. Es ist jedoch ebenso wichtig, die helle Seite des Lebens wahrzunehmen und ernst zu nehmen: es ist für ein Kind schön, Freude mitteilen, Hoffnungen und Träume anvertrauen zu können, ohne dass die Eltern diese durch ihre Reaktion vorschnell zerstören. Wesentlich für das Erleben des Kindes dabei ist, dass seine Gefühle sein dürfen, Eltern diese nicht verharmlosen oder gar die Gefühle ausreden wollen. So gesehen und gehört zu werden mit den eigenen Äußerungen, bei den Eltern im Blick zu sein, ist ein gutes, Sicherheit vermittelndes Gefühl für ein Kind.

Jedes Kind möchte gerne so angenommen und unterstützt werden, wie es als eigene Persönlichkeit mit seinen Stärken und Schwächen im Leben steht. Ansatzpunkt dafür ist, die Interessen und Fähigkeiten des Kindes zu erkennen und zu fördern, nicht, die unverwirklichten Interessen der Eltern über das Kind realisieren zu wollen. Dafür brauchen Kinder das Zutrauen und Vertrauen der Eltern. Kein Kind lässt sich gerne belächeln oder gar auslachen.

Ein Kind ernst zu nehmen kann verschiedene Facetten haben: sich Zeit zu nehmen, Grenzen zu wahren, Träume ernst zu nehmen und nicht zu verharmlosen, den eigenen Geschmack zu respektieren, zum Beispiel in Bezug auf Essen oder Kleidung, die persönlichen Wünsche, Bedürfnisse, Hoffnungen und Ziele ernst zu nehmen, den eigenen Raum zu lassen, die eigenen Freunde zu achten oder das Leistungsvermögen weder zu unterschätzen noch zu überschätzen.

All das hier Geschriebene bedeutet nicht, alles zu erlauben und stets ja zu sagen. Gerade eine intensive Auseinandersetzung kann ein Zeichen sein, ein Kind besonders ernst zu nehmen. Wichtig in einer Auseinandersetzung ist dabei, dass Eltern die Sichtweise des Kindes stets genau nachvollziehen und nicht übergehen. Eltern sollten zumindest stets um Verständnis bemüht sein, auch wenn es ihnen manchmal schwer fällt. Einfühlungsvermögen, Empathie, Wahrnehmung und Achtsamkeit können dabei schöne Fähigkeiten für Eltern sein, die zwar nicht in jeder Alltagssituation erreichbar sein mögen, sich aber manchmal auch noch im Rückblick auf Situationen mit etwas Abstand erwerben lassen, wenn Eltern sich darum bemühen.

Tipp: **Ein Kind ernst zu nehmen, heißt, ihm richtig zuzuhören und es zu sehen, so wie es ist mit seinen Äußerungen und Gefühlen, Wünschen und Bedürfnissen, Stärken und Schwächen, Hoffnungen und Zielen.**

Feste feiern

Stellen wir uns vor, es gäbe sie nicht, die besonderen Tage im Leben. Es gäbe keine Festtage und dementsprechend würden auch keine Feste gefeiert. Es gäbe nur Alltag. Für die meisten Menschen und besonders für die Kinder wäre das wohl eine monotone, graue Vorstellung. Gerade Kinder fiebern Festtagen lange Zeit vorher entgegen. Sie machen sich Gedanken, planen, gestalten und laden vielleicht auch schon mal ein, zumindest in ihrer Phantasie.

Geburtstage stehen hoch im Ranking der Festtage des Jahres. Einladungslisten für Geburtstage machen Familien gedanklich oft schon Monate vorher. Die Planungen für den nächsten Geburtstag gehen manchmal bereits nach dem letzten Geburtstag los. Aber auch die christlichen Feiertage Weihnachten und Ostern bereiten bekanntlich viel Freude und Vorfreude. Es lässt sich wohl nicht bestreiten, dass gerade diejenigen Festtage besonders hoch im Kurs stehen, an denen Kinder Geschenke erwarten. Somit ließe sich die Liste der einträglichen jährlichen Festtage noch um Nikolaus, den Kindertag oder gar Halloween oder den Weltspartag erweitern. Einmalige Festtage wie Taufe, Kommunion, Konfirmation, Jugendweihe, der Schulabschluss oder die Hochzeit haben besondere Bedeutung. Aber auch Fasching, Erntedank oder ein Weihnachtsbaumfest (vor Weihnachten) können ganz ohne Geschenke durchaus ausgiebig gefeiert werden. Christen und Nichtchristen sind sich dabei sicherlich uneinig in der Bewertung solcher Festtage.

In psychologischer Hinsicht geht es für Kinder wie auch für Jugendliche und Erwachsene bei Festtagen um das Erleben des Besonderen, des Nichtalltäglichen, das den Unterschied ausmacht zum Herkömmlichen und Alltäglichen. Da machen sich alle schick oder verkleiden sich, bereiten gutes Essen vor und sorgen für wohlige Atmosphäre, spielen und tanzen. Und ein ganz wichtiger Aspekt ist bei den Festtagen, mit wem gefeiert wird. Da zeigt sich, wie welche Kontakte sind, wer innerhalb und außerhalb der Familie nahe steht oder nicht, wer einer Einladung folgt oder nicht. Auch das ist so wichtig, weil es zeigt, wie jemand da steht im Leben, wie eingebunden und umgeben jemand ist. Manche Festtage wie Geburtstage sind dabei besonders geeignet, mal ganz im Mittelpunkt zu stehen und das genießen zu dürfen. Festtage haben eine besondere Bedeutung im Leben, für Kinder zumeist noch viel mehr als für Erwachsene, und der Glanz der Festtage strahlt häufig weit in den Alltag aus. Dessen sollten sich Eltern bewusst sein. Umgekehrt wäre außergewöhnlich kränkend für ein Kind, einen Festtag in seinem Leben nicht ausreichend zu würdigen und den Festtag nicht entsprechend vorzubereiten.

Tipp: **Die besonderen Tage im Leben, die als Festtage gefeiert werden können, haben Auswirkungen auf den Alltag von Kindern.**

Forscher-Geist: Kinder wollen lernen

Es ist sehr schade, wenn wir beobachten können, wie schnell an manchen Schulen Kinder die Lust am Lernen verlieren, sie der Schule überdrüssig werden, sie "keinen Bock auf Schule" haben oder sogar Schulangst entwickeln. Das ist deshalb so schade, weil Kinder eigentlich aus eigenem Antrieb gerne lernen, forschen, entdecken und erkunden. Wenn Kinder diesen Antrieb verlieren, dann deshalb, weil die schulischen Bedingungen manchmal nicht kindgerecht und wertschätzend für viele Kinder sind. Ein Kind verliert die Lust am Lernen und Forschen, wenn es nicht in seinen eigenen persönlichen Fähigkeiten gesehen und gefördert wird, sondern stattdessen einer Norm entsprechen soll, mit anderen Kindern verglichen wird und bei diesem Vergleich häufig schlecht abschneidet. Diese fortlaufenden persönlichen Kränkungen wollen nicht wenige Kinder verständlicherweise nicht permanent erleiden und verlieren deshalb die Lust am Lernen unter diesen Bedingungen. Da die meisten Menschen Schule nie anders kennen gelernt haben, können sie sich Schule auch nicht anders vorstellen als auf die Weise, dass es eine Lehrerin oder einen Lehrer gibt, der vorne in einer Klasse steht und einen einheitlichen Stoff für alle Schüler unterrichtet und für die erzielten Leistungen Noten verteilt. Den meisten Menschen ist auch unbekannt, dass es längst andere Schulen gibt, in denen das Lernen und Forschen so gestaltet wird, dass den Kindern die Lust am Lernen und Forschen nicht verdorben wird. Und glücklicherweise ist auch an vielen Regelschulen längst ein Umdenken in Gange.

Die zentrale Frage ist, was dafür nötig ist, einem Kind die natürliche Lust und den natürlichen Drang zu lernen und zu forschen nicht abzugewöhnen. Zunächst brauchen wir dafür Eltern und Lehrerinnen und Lehrer, die Kinder als solche lernwilligen Wesen verstehen und begreifen. Ohne diese geht es nicht. Dann brauchen wir in Schulen personelle und räumliche Bedingungen, mit denen Kinder in ihren persönlichen Fähigkeiten gefördert werden. Wir brauchen Materialien und Projekte, mit denen sich Schüler mit ihren individuellen Stärken einbringen können. Wir brauchen Hefte und Mappen, mit denen die auf das einzelne Kind bezogenen Forschungsergebnisse, Lernfortschritte und Erfolgserlebnisse festgehalten werden. Wir brauchen Regeln, mit denen die Solidarität und Kreativität der Schüler gestärkt und die gemeinsamen Erfolgserlebnisse in den Vordergrund gestellt werden. Wir brauchen Darbietungsformen, mit denen der gegenseitige Respekt und das Selbstbewusstsein der Schüler gestärkt werden. Wenn all das in Schulen beachtet wird, bilden wir lernfreudige, selbstbewusste und tolerante Kinder – und das ist eine gute Grundlage für die Zukunft unserer Gesellschaft. Und das Schöne daran ist zusätzlich noch, dass solche heranwachsenden Kinder und Jugendlichen auch außerhalb der Schule ganz von selbst gerne forschen und lernen, weil es selbstverständlich zum Leben dazu gehört.

Tipp: **Kinder sind Forscher – es genügt, ihnen die Lust am Forschen und Lernen nicht zu verderben.**

Freunde

Mit der besten Freundin oder dem besten Freund kann man durch dick und dünn gehen. Das bedeutete ursprünglich, dass nur derjenige ein wahrer Freund ist, der einen auch durch gefährliches Gelände begleitet, wo die Diebe lauern. Auf Schutz und Unterstützung von Freunden kommt es auch heute noch an. Manchmal brauchen Kinder schon im Kindergarten oder in der Schule die Hilfe von anderen, damit sie nicht alleine da stehen, nicht gehänselt oder gemobbt werden. Auf beste Freunde kann man sich verlassen. Die sind zuverlässig und lassen einen nicht sitzen. Mit besten Freunden können Kinder und Jugendliche Spaß haben, aber auch ihren Kummer teilen, denn geteiltes Leid ist halbes Leid.

Es gibt Kinder, die Ranglisten bilden, welche Kinder die besten Freunde sind oder welche Kinder zum Geburtstag eingeladen werden sollen. Die Rangliste prüfen sie dann wöchentlich, manchmal sogar täglich auf ihre Stimmigkeit, manchmal verändern sie sie auch wieder. Kindern vergewissern sich auf diese Weise, wie verbunden sie sich mit anderen Kindern fühlen. Bekanntlich ist manche dicke Freundschaft fürs Leben bereits in der Sandkiste entstanden. Die zunehmende Zahl der Einzelkinder haben mit ihren besten Freunden zusätzlich eine Art Geschwister-Ersatz. Entsprechend ergeht es ihnen dann auch ähnlich wie Geschwistern und sie erleben alle intensiven Höhen und Tiefen einer Freundschaft häufig noch etwas stärker. In beinahe jeder intensiven Freundschaft wird auch die dunkle Seite erlebt, nämlich Schmerz, Kränkungen, Wut und Traurigkeit. Diese gemeinsam zu durchleben, kann zu einer besonderen Verbundenheit führen. Manchmal führt der Weg der Freundschaft auch zur Trennung.

Wenn Liebe und Sexualität hinzukommen, wird es zuweilen noch inniger, andererseits bleibt der Liebeskummer am Anfang der Liebeserfahrungen selten aus.
Die Freundschaften von der Kindheit an sind so etwas wie eine andere Art der Schule, nämlich die Schule der Beziehungen in der Welt außerhalb der Familie. Eltern wollen dabei oft mehr Einfluss nehmen, als das den Kindern gut tut. So wie Eltern manchmal bei den Hausaufgaben helfen, können sie natürlich ein Kind auch darin unterstützen, mit dem erlebten Auf und Ab in den Freundschaften klarzukommen. Dem Kind auf diese Weise zur Seite zu stehen, ist sinnvoll. Weniger Sinn macht es, auf die Wahl des Kindes Einfluss nehmen zu wollen, wer Freund sein soll und wer nicht, wer zum Geburtstag eingeladen werden soll und wer nicht. Wer als Eltern die Freunde-Wahl des Kindes nicht versteht, kann das Kind möglichst unvoreingenommen fragen, was es an dem befreundeten Kind mag oder besonders

interessant findet. Eine solche Frage führt nicht selten zu aufschlussreichen Erkenntnissen bei Eltern und Kind.

Tipp: **Ein Kind erlebt mit seinen Freundschaftserfahrungen von klein auf die hohe Schule der Beziehungen. Diese sollte das Kind von den Eltern ungehindert erforschen können.**

Geschwister

Geschwister sind niemals gleich, nicht selten sogar sehr unterschiedlich. Trotz dieser Unterschiede sind sie meistens sehr sensibel dafür, in fairer, gerechter und zumeist auch gleicher Weise von den Eltern behandelt zu werden. Das ist eine anspruchsvolle Aufgabe für Eltern.

Gleiche Behandlung meint nicht gleichzeitig gleich, sondern entsprechend dem Alter zu unterschiedlichen Zeiten gleich. Es wäre zweifellos nicht angemessen, wenn der Neunjährige, die Zwölfjährige und der 14-jährige generell gleich lang aufbleiben dürften. Auch nicht passend wäre, wenn die Zehnjährige das größere Kinderzimmer erhalten würde als der 15-jährige. Wem das selbstverständlich ist, der beherzigt bereits grundlegende Regeln des Umgangs mit Geschwisterkindern. Diese Herausforderung für Eltern ist schon deshalb nicht leicht, weil Eltern durch ihren Zuwachs an Erfahrung mit weiteren Kindern oft etwas entspannter und daher nicht selten auch großzügiger umgehen. Und die jüngeren Geschwister versuchen oft einzufordern, was ältere Geschwister dürfen oder bekommen, weil sie es direkt vor Augen haben.

Das Dilemma von Geschwisterkindern ist häufig, dass Eltern sie trotz ihrer Verschiedenheit häufig vergleichen, insbesondere in ihren Anstrengungen und ihrem Leistungsvermögen. Das kann zu schweren psychischen Belastungen bei einem Kind führen, wenn es sich diesen Anforderungen nicht gewachsen fühlt. Eltern sollten auf Vergleiche dieser Art verzichten und Geschwisterkinder als verschiedene Individuen betrachten, die jeweils einen eigenen Weg gehen und die sie darin optimal unterstützen. Zu den besonderen und oft langfristigen

Kränkungen von Geschwisterkindern gehört die entdeckte Ungleichbehandlung durch die Eltern. Wer auf diese Weise zu kurz kommt bei seinen Eltern, ist damit nicht selten sein Leben lang beschäftigt und hadert immer wieder mit dem Thema der Benachteiligung. Wohl jedes Kind sehnt sich danach, für seine eigene Art und Weise die volle und zumindest sporadisch ungeteilte Beachtung und Wertschätzung durch die eigenen Eltern zu erhalten.

Tipp: **Eltern sollten mit Gerechtigkeitssinn im Blick haben, dass Geschwisterkinder darum ringen, sich zu unterscheiden und ihren jeweils eigenen Platz im Leben zu finden und sich wünschen, von den Eltern auf ihre eigene Art und Weise Beachtung und Wertschätzung zu erfahren.**

Gesunde Ernährung – ganz von selbst

Ein häufiges Streit-Thema in vielen Familien ist das Essen und Trinken, also die Ernährung der Kinder. Meistens geht es dabei um das Aufessen, das Essen bestimmter Speisen oder Lebensmittel oder das Verbot von Süßigkeiten oder süßen Getränken.

Ein Beispiel: Das Kind soll die Scheibe Brot mit Butter und Wurst aufessen, wogegen es rebelliert. Zur Strafe gibt es keinen Schokoladenpudding.

Die meisten Eltern sind in ihrem Verhalten dabei von den eigenen Kindheitserfahrungen geprägt. Die mittlerweile doch recht veralteten Regeln ihres eigenen Aufwachsens sind tief in ihnen verwurzelt und prägen die Regeln und Gewohnheiten, die sie an ihre Kinder weitergeben. Dass diese Regeln und Gewohnheiten wenig mit gesunder Ernährung gemeinsam haben, wissen viele Eltern oft gar nicht. Noch schlimmer: sie trainieren den Kindern Verhaltensweisen an, bei denen die Kinder ihr eigenes gesundes Körpergefühl verlernen, somit nach einigen Jahren schlechter Gewohnheiten für Essen und Trinken nicht mehr spüren können. Kinder, die aufessen müssen, verlernen ihr eigenes gesundes Appetit- und Körpergefühl, das ihre Nahrungsaufnahme steuert. Infolge geht damit auch die gesunde Regulierung des Körpergewichts allmählich verloren. Das eigene Appetit- und Körpergefühl ist bei einem gesunden Kind in der Regel auch eine gute Anleitung dafür, welche Nahrungsmittel gerade besser passen und welche weniger. Voraussetzung dafür ist natürlich, dass dem Kind eine bunte, abwechslungsreiche Vielfalt von Nahrungsmitteln zur Verfügung steht.

Diese Erkenntnis haben Forschungsuntersuchungen mit Kindern bestätigt. In einer mir bekannten Privatschule mit etwa 70 Kindern in Schule und Kindergarten, in der eine solche gesunde Vielfalt angeboten wird und die Eltern sich bewusst mit der Ernährung ihrer Kinder auseinandersetzen, gibt es kein einziges übergewichtiges Kind.
Auch Süßigkeiten sind hier kein Problem. Sie haben keinen besonderen Status. Weder werden sie weggeschlossen, entzogen noch zur Belohnung benutzt. All das sind eher Maßnahmen, um Süßigkeiten besonders interessant zu machen. Manchmal, das weiß eigentlich fast jeder, müssen Süßigkeiten einfach sein, dann verlangt der Körper regelrecht nach dieser Leckerei mit der schnellen Energie. Dann ist es eben so. Aber bei abwechslungsreicher, bunter, gesunder Ernährung mit Obst, Salat, Gemüse, Mineralwasser, Säften und vielem mehr ist die Süßigkeit eine Speise von vielen, nicht mehr und nicht weniger.

Tipp: Ein Kind, dem eine bunte Vielfalt von gesunden Nahrungsmitteln zur Verfügung steht, ernährt sich auf Dauer ganz von selbst gesund.

Gesundes Misstrauen gegenüber Fremden

Selbstvertrauen und Selbstsicherheit von Kindern sind gute Ziele für Kinder. Tatsächlich sind selbstbewusste und selbstsichere Kinder erfahrungsgemäß auch weniger gefährdet als Kinder, die leicht einzuschüchtern sind. Es ist naheliegend, dass die einen sich besser wehren können als die anderen. Im Umgang mit Fremden gilt für Kinder jedoch: Vertrauen ist gut, gesundes Misstrauen ist besser! Mit Kindern sollte frühzeitig darüber gesprochen werden, dass sie misstrauisch sein dürfen und sollen, wenn Fremde sie ansprechen, besonders aus einem Auto heraus, wenn Fremde sie ausfragen, wenn Fremde sie auffällig oder eindringlich beobachten oder fotografieren, wenn Fremde ihnen Versprechungen machen oder etwas Interessantes zeigen wollen. Kinder, die auf derartige Situationen mit Vertrauen und kindlicher Neugier reagieren, können gefährdet sein. Zwar ist es richtig, dass nicht jeder, der sich so wie hier beschrieben verhält, ein Kindesentführer oder Kindesmissbraucher sein muss, aber er könnte es sein.

Grundsätzlich gilt: bewusste normale Menschen, die sich mit den Gefährdungen von Kindern auseinandergesetzt haben, verhalten sich nicht so, wie in den Beispielen beschrieben. Das heißt also: normale Menschen fragen nicht Kinder nach dem Weg, schon gar nicht aus dem Auto heraus. Normale Menschen fragen fremde Kinder nicht aus, beobachten Kinder nicht eindringlich und fotografieren sie nicht, machen fremden Kindern keine Versprechungen und wollen fremden Kindern nicht etwas Interessantes zeigen. Diese Auflistung dessen, was normale Menschen eben nicht machen, verdeutlicht die Gefährdung für Kinder durch die beschriebenen Verhaltensweisen von Fremden. Kinder dürfen ihrem Misstrauen, ihrem merkwürdigen Gefühl glauben. Und dann gilt es für Kinder, klare Regeln zu beachten, wie sie sich solchen Fremden gegenüber verhalten können: Abstand halten, besonders vor Autos von Fremden, niemals einsteigen und mitnehmen lassen, nicht auf Gespräche einlassen, schnell weglaufen und laut um Hilfe rufen, dorthin laufen, wo Menschen sind, die helfen können.

Kinder, die gelernt haben, Nein sagen zu dürfen und sich bei Bedrohung wehren zu dürfen, können sich auch in Bedrohungssituationen besser behaupten als andere. Kinder sollten auch über die Gefahren durch Fremde an der Haustür, am Telefon und im Internet gut informiert sein, um nicht naiv auf Kontaktangebote einzugehen. Kinder sollten lernen, Fremden nicht die Haustür zu öffnen, wenn kein Erwachsener zuhause ist. Zusätzlich gelten diese Regeln auch gegenüber Bekannten, wenn deren Verhaltensweisen bei Kindern unangenehme Gefühle auslösen. Wenn im Aufwachsen des Kindes die Voraussetzungen dafür geschaffen werden, dass ein Kind sich mit unangenehmen Erlebnissen an die Eltern wenden kann, ist das eine gute Voraussetzung für schnelle Hilfe, wenn das Kind in Gefahr ist. Dazu gehört auch, dass das Kind weiß, dass Geheimnisse von Erwachsenen mit Kindern zumeist schlechte Geheimnisse sind und erzählt werden dürfen, besonders dann, wenn sie Bedrohungen enthalten. Grundsätzlich sollten Kinder lernen, die abgesprochenen Wege zu gehen, den Eltern mitzuteilen, wohin sie gehen, nicht irgendwo herumzubummeln und pünktlich zu sein. Auch das sind schützende Verhaltensweisen für das Kind.

Tipp: Schutz gegenüber der Gefährdung durch Fremde hat ein Kind durch ein gesundes Misstrauen und durch klare Regeln, wie es sich Fremden gegenüber verhalten kann.

Getrennte Eltern

In den letzten Jahrzehnten ist eine erstaunliche Zunahme an Ehescheidungen und Partnerschaftstrennungen zu verzeichnen. Es ist bereits zum jährlichen Medienritual geworden, die neuesten Zahlen dramatisch zu verkünden.

Betroffen von Scheidungen und Trennungen der Eltern sind neben den Eltern selbst damit auch eine zunehmende Zahl von Kindern und Jugendlichen unter 18 Jahren, die ab dem Zeitpunkt der Scheidung dann hauptsächlich von Alleinerziehenden betreut werden. Für diese Kinder und Jugendlichen ist die Trennung der Eltern oft bedrückend, manchmal jedoch auch erleichternd.

Ursachen der Scheidungen und Trennungen sind häufig eine Zunahme von nicht mehr von den Partnern zu bewältigenden Konflikten, die oft aus enttäuschten Erwartungen und permanenten Alltagsauseinandersetzungen resultieren. In unserer Epoche der Liebesheirat ist die Idealisierung des Partners zu Beginn der Beziehung sehr hoch. Im Alltag ist dieses Ideal dann nach einiger Zeit oft nicht mehr einzulösen. Manche Frauen und Männer flüchten dann in neue Partnerschaften, in denen sie zu Beginn wieder eine Phase der Idealisierung leben können.

Wenn sich ein Paar trennt, ist selten alles friedlich und geklärt. Die Familienatmosphäre ist meist außerordentlich belastet. Manchmal ist die Stimmung zwischen den Getrennten sogar hochexplosiv. Die betroffenen Kinder sind oft mittendrin statt nur dabei, ihnen fliegen die Fetzen gewissermaßen um die Ohren, was Kinder psychisch noch mehr belastet als Erwachsene.

Die meisten Trennungseltern schaffen es nicht nur nicht, ihre Kinder aus dem Konflikt herauszuhalten, sondern tragen den Konflikt geradezu über die Kinder aus. Dabei versuchen dann Mutter, Vater oder sogar beide, ein oder mehrere Kinder im Trennungskonflikt auf eine Elternseite zu ziehen und für die eigenen Interessen zu gewinnen. Das Leiden des Kindes übersehen diese Eltern in ihrer eigenen Trennungskrise. Manchmal überfordern sie ein Kind psychisch damit, als Konfliktmanager zu agieren, was zu besonderen Spätfolgen für das Kind führen kann. Erstes Ziel der Eltern nach einer Trennung muss daher unbedingt sein, alles dafür zu tun, ihren Partnerschafts- und Trennungskonflikt nicht über das Kind oder die Kinder auszutragen. Hierüber eine Einigung zu erzielen und dafür, falls nötig, auch gemeinsam Trennungs- und Scheidungsberatung in einer Familienberatungsstelle in Anspruch zu nehmen, ist oberste Elternpflicht im Falle einer Trennung. In diesem Rahmen können Eltern dann auch einvernehmliche Regelungen über die Umgangsrechte mit dem Kind oder den Kindern treffen.

Tipp: **Die Aufgabe der Eltern nach einer Trennung ist, alles dafür zu tun, ihren Partnerschaftskonflikt nicht über das Kind oder die Kinder auszutragen.**

Glück

Es gibt wohl ein zutiefst menschliches Streben danach, glücklich zu sein. Und glücklich zu bleiben. Und während das Glücklichsein bei den meisten Menschen immer wieder gelingt, ist es doch praktisch unmöglich, glücklich zu bleiben. Das Glück ist sporadisch. Es kommt und geht. Und umso mehr jemand versucht, es festzuhalten, desto mehr verflüchtigt sich das Glück. Den vermeintlich paradiesischen Zustand ewigen Glücks gibt es nicht, nicht für Kinder und nicht für Erwachsene.

Ist das Glück bedingungslos oder gibt es etwa einen Zusammenhang von Lebendigkeit und Glück? Wer den lebendigen Wechsel des Lebens zulässt, kann auch das Glück intensiver erleben. Wer versucht, Gefühle von Traurigkeit, Wut, Ekel und andere unangenehme Gefühle nicht zu erleben, zu verdrängen, der wird auch das Glück weniger intensiv erleben. Beide Seiten gehören wie zwei Pole zu einem lebendigen Leben dazu.

Ist das auch eine Frage des Festhaltens und Loslassens? Um loslassen zu können und damit auch intensiver wahrnehmen und erleben zu können, bedarf es einer großen inneren Sicherheit, die erlaubt, loslassen zu können. Ansonsten ist das Festhalten eine andere Form, ausreichende Sicherheit zu gewinnen. Die Lebendigkeit wird auf diese Weise jedoch gebremst, damit der Mensch nicht von seinem Erleben und seinen Gefühlen quasi überschwemmt wird.

In welchem Verhältnis stehen nun Erziehung und Glück? Eine Erziehung zum Glück ist nicht auf direktem Wege möglich. Sicherlich lässt sich ein sporadisches Immer-wieder-glücklichsein vorleben. Das wäre, wenn es denn authentisches Erleben ist, bestimmt ein gutes Vorbild für Kinder, wenn sie regelmäßig

Glück vorgelebt bekommen. In erster Linie ist eine geglückte Erziehung jedoch, welche die Grundlage für sporadisches Glücklichsein bildet: dem Kind Halt und Sicherheit geben, Selbst-Vertrauen und Selbst-Sicherheit vermitteln. Das sind die grundlegenden Voraussetzungen für ein Leben, in dem Glück sporadisch intensiv erlebt werden kann.

Tipp: **Glück, auch für Kinder, lässt sich nicht festhalten. Es kommt und geht. Aber die Grundlage für häufiger glückliche Kinder ist eine geglückte Erziehung.**

Grenzen und Halt

Wie eine rote Ampel uns auffordert anzuhalten und uns Hilfe und Orientierung im Straßenverkehr gibt, so brauchen auch Kinder Halt-Signale in ihrem Leben, die ihnen im Wortsinn Halt bieten, Orientierung geben und Grenzen setzen. Das wissen viele Eltern und doch finden sie diese Grenzen oft nicht und können Halt und Orientierung nicht in ausreichendem Maße für ihre Kinder bieten. Woran liegt das? Eine mögliche häufige Ursache ist, dass Eltern unsicher darin sind, wo Grenzen liegen sollen und wie sie diese setzen sollen. Sie versuchen sich in ihrer eigenen inneren Unsicherheit an etwas Äußerem zu orientieren, zum Beispiel an irgendwelchen Regeln. Sie sehen Fernsehsendungen dazu, probieren etwas Gesehenes oder Gehörtes aus, haben dabei aber wenig eigene Linie und wenig Konsequenz. Vielleicht sind sie in ihrer Suche selbst etwas haltlos oder orientierungslos. Dann greifen sie manchmal zurück auf alte, selbst erlebte Verhaltensweisen, von denen sie auch nicht recht überzeugt sind, weil sie eine Ahnung davon haben, dass sie darunter früher selbst gelitten haben, reden sich aber vielleicht selbst ein, dass es ihnen doch nicht geschadet habe, obwohl sie es meistens eigentlich besser wissen.

Der erlebte Mangel ist, dass diese Eltern die Grenzen und den Halt nicht sicher in sich tragen, um diese an ihre Kinder weitergeben zu können. Die Aufgabe für diese Eltern ist dann, die Grenzen in sich selbst erst mal zu entdecken und spüren zu lernen. Das bedeutet zu merken, wo Grenzen für sie selbst liegen sollen, wo die Punkte sind, an denen sie zunächst innerlich und später deutlich nach außen sagen: „Halt. Stopp. Bis hier hin und nicht weiter!" „Das möchte ich nicht ertragen, dulden, erleiden usw." „Halt" zu sagen bedeutet dann, „Halt" zu bieten. Das ist der für die Kinder gebotene Halt, der durch die authentisch erlebten und vermittelten Grenzen der Eltern gegeben wird. Ein häufiges Missverständnis dazu ist, dass Kinder unter Grenzsetzungen leiden würden. Das ist nicht der Fall, wenn Eltern die Grenzen im Rahmen einer liebenden Haltung zu den Kindern setzen. Im Gegenteil, kaum etwas ist schlimmer für Kinder als Haltlosigkeit durch Gleichgültigkeit und damit verbundene Grenzenlosigkeit der Eltern. Solche Kinder fühlen sich letztlich verloren.

Übrigens sollten Eltern nicht darauf warten, dass sie diese Haltgebung unmittelbar von ihren Kindern dankbar bestätigt bekommen. Das wäre dann ein weiteres Missverständnis, das nicht selten anzutreffen ist. Oft gehen Grenzsetzungen nicht ohne Auseinandersetzung und Reibung. Das gehört dazu. Jedoch sind auf lange Sicht in gelungenen Eltern-Kind-Beziehungen die tragfähigen, Halt gebenden Bindungen zwischen Eltern und Kindern spürbar und sichtbar.

Tipp: **Kinder suchen nach von den Eltern authentisch gesetzten Grenzen, die ihnen Halt und Orientierung im Leben geben.**

Größenphantasien und Enttäuschungen

Jedes Kind ist einzigartig, denn es gibt jedes Kind nur einmal. Selbst eineiige Zwillinge unterscheiden sich minimal. Und es gehört zum Leben eines Kindes ganz normal dazu, sich auch als großartig zu erleben. „Ich kann eigentlich alles – außer Slalom", sagt Astrid Lindgrens Lotta und überschätzt sich prompt beim Fahrradfahren. Tatsächlich ist es enorm, wie schnell Kinder etwas lernen können, aber oft überschätzen sie sich noch in ihren Fähigkeiten und fallen dabei schon mal auf die Nase. Sie täuschen sich noch in der Wahrnehmung ihrer Fähigkeiten und werden so manches Mal ent-täuscht, das heißt im Wortsinn, dass die eigenen Täuschungen aufgehoben werden. Die Aufgabe der Eltern ist es, ein Kind dabei behutsam und liebevoll zu begleiten, nicht dem Kind die Ent-täuschung zu ersparen. Auf diese Weise werden Kinder im Laufe ihrer Entwicklung sicherer und realistischer in ihrer Wahrnehmung. Es wäre ja auch nicht gut, wenn ein Jugendlicher oder junger Erwachsener sich noch so sehr überschätzt, dass er dann etwas macht, womit er sich selbst oder andere gefährdet. Das passiert insbesondere dann eher, wenn Kinder keine behutsame Begleitung bei der Umwandlung ihrer kindlichen Größenphantasien hatten, zum Beispiel weil konstante liebevolle Bezugspersonen fehlten. Dann können sie noch als Jugendliche oder Erwachsene an ihre Größenphantasien gebunden sein. Bei liebevoller Begleitung bei Ent-täuschungen wandeln sich kindliche Größenphantasien um in die Ideale und den Ehrgeiz, die Jugendliche und Erwachsene haben und die sie voran treiben.

Tipp: **Es ist nicht gut, Kindern Enttäuschungen ersparen zu wollen, sondern es ist gut, die Kinder mit ihren Enttäuschungen liebevoll zu begleiten, denn aus kindlichen Größenphantasien resultieren unweigerlich Ent-täuschungen.**

Hilfen für Eltern

Gesellschaftlich noch recht verbreitet ist die Haltung, möglichst keine oder wenig Schwächen zu zeigen. Gut da zu stehen vor anderen, verspricht ein besseres Image. Das ist schwer durchzuhalten, besonders dann, wenn Säulen des eigenen Lebens vielleicht schon angeknackst sind. Stabilisierende Säulen, die bereits in Mitleidenschaft gezogen sind, können zum Beispiel die Selbstachtung, die Partnerschaft, das Familienleben, der Freundeskreis, die Arbeit oder die materielle Sicherheit sein. Erziehungsprobleme stehen manchmal damit in Zusammenhang. Deutlich ist, dass Eltern, denen es gut geht und die möglichst entspannt sind, in der Regel auch besser und entspannter mit ihrem Kind umgehen. Daher ist es notwendig, dass Eltern für ihr eigenes Wohlbefinden und für ihre eigene Entspannung etwas tun. Dafür gibt es verschiedene Möglichkeiten:

Es ist eine Stärke von Eltern, wenn sie in der Lage sind, etwas Gutes für sich zu tun. Nur dann haben sie die Kraft für eine gute, entspannte Erziehung des Kindes. Das fängt bereits bei kleinen Dingen des Alltags an. Nehmen sich Eltern die Zeit, mal einen Spaziergang an der frischen Luft zu machen? Genießen sie mal in Ruhe ein entspannendes Bad? Fahren sie mal gemütlich mit dem Fahrrad anstatt hektisch mit dem Auto? Treiben sie zum Ausgleich des Alltagsstresses regelmäßig Sport? Oder gehen sie einem Hobby nach? Schlafen sie genügend? Nehmen Eltern sich Zeit als Paar? All das hat mit bewussten Entscheidungen zu tun, die Eltern treffen können. Die vermeintlichen Sachzwänge des Alltags, die von solchen guten Aktivitäten abhalten, sind zumeist von Menschen gemacht.

Wenn die Erziehungsprobleme trotz genügend entspannender Alltagsgestaltung den Eltern über den Kopf wachsen, ist es eine Stärke von Eltern, wenn sie mögliche Hilfen für sich in Anspruch nehmen.

Zunächst einmal kann es sehr nützlich sein, das zu tun, was Sie offenbar gerade machen: einen Erziehungsratgeber zu lesen. Die aktive Auseinandersetzung mit den belastenden Themen ist ein erster Schritt heraus aus einer passiveren Haltung, in der Eltern das Erlebte lediglich erleiden. Auch Gespräche mit anderen Eltern können manchmal weiterhelfen, falls die anderen Eltern es nicht nur besser wissen, sondern miteinander Erfahrungen ausgetauscht werden können, ohne sich dabei schlecht zu fühlen.

Eine weitergehende Hilfe kann es sein, sich an eine Beratungsstelle für Kinder, Jugendliche und Eltern, Erziehungsberatungsstelle oder Familienberatungsstelle zu wenden. Solche Hilfen werden in allen Städten und Landkreisen angeboten. Die zumeist von Psychologen oder Sozialpädagogen angebotene Beratung ist kostenlos und vertraulich. Die Berater unterliegen wie Ärzte der Schweigepflicht und betrachten die Inanspruchnahme der Hilfe nicht als persönliche Schwäche, sondern als Stärke. Und es ist gut, sich lieber früher als später an die Beratungsstelle zu wenden, und zwar bei allen denkbaren Problemen, die in einer Familie auftauchen können.

Weitere mögliche Hilfen sind:
- die Teilnahme an einem Kursangebot einer Elternschule, falls ein solches Angebot in der Region vorhanden ist,
- eine Eltern-Kind-Kur kann beim Hausarzt beantragt werden, wodurch Auftanken für Mutter oder Vater und Kind an einem Kurort für einige Wochen möglich ist,
- das Angebot eines Kinder- und Jugendlichenpsychotherapeuten mit begleitenden Elterngesprächen durch Überweisung eines Kinderarztes,

– Hilfen zur Erziehung wie zum Beispiel die sozialpädagogische Familienhilfe, die Mitarbeiter des Jugendamtes auf Antrag gewähren.

Tipp: **Es ist eine Stärke von Eltern, wenn sie Hilfen für Eltern in Anspruch nehmen können und in der Lage sind, etwas Gutes für sich zu tun.**

Höhen und Tiefen

Ein Leben verläuft niemals geradlinig. "Die gerade Linie ist gottlos und unmoralisch", stellte der Künstler Friedensreich Regentag Dunkelbunt Hundertwasser fest und verzichtete auf die gerade Linie auch in seiner Kunst. In der Natur gibt es keine gerade Linie. Und der Mensch ist auch ein Geschöpf der Natur. Friedensreich Hundertwasser nahm das eben nicht geradlinige Wachstum des Kindes und des Menschen gar zum Vorbild für das Schaffen in Architektur und Kunst.

Der Mensch ist den Rhythmen des Lebens unterworfen, von Tag und Nacht, wachen und schlafen, einatmen und ausatmen, essen und ausscheiden, tun und ruhen. Der Mensch kann sich diesen Rhythmen allenfalls kurzfristig entziehen, mal einige Zeit nicht schlafen, nicht atmen, nichts essen, nichts tun. Das geht nicht lange gut. Wie kommt es da, dass trotzdem die Erwartungen oft linear sind, auch an Kinder und Jugendliche? Das Ideal dafür scheint eher eine Maschine zu sein. "Er läuft und läuft und läuft..." war mal die Werbung für ein Volksauto. Eine Maschine schafft das zuweilen, der Mensch eher nicht.

Ehrgeizige Eltern erwarten nicht selten die Geradlinigkeit der schulischen Leistungen und des Werdegangs ihres Kindes. Kinder spüren die Erwartungen der Eltern. Selbst wenn Eltern ihre Erwartungen oft gar nicht mehr aussprechen, sind sie zumeist bereits vom Kind verinnerlicht. Eine Note 4 kann das Kind dann schon als Versagen empfinden, obwohl sie eigentlich noch "ausreichend" ist. Die Natur jedoch besteht aus Bergen und Tälern, zuweilen auch aus Abhängen und Schluchten. Da geht es auf und ab mit Höhen und Tiefen wie im Leben. Statt linearer Erwartungen brauchen Kinder Einfühlungsvermögen der Eltern für ihre Krisen, an denen sie dann wiederum wachsen und reifen können.

Friedensreich Hundertwasser meinte, dass schon das Bei-sich-tragen einer geraden Linie (und das Lineal sei deren Symbol) zumindest moralisch verboten werden müsste. Vielleicht müssen wir nicht ganz so weit gehen. Wenn wir die Symbolik verstehen, dass das Leben an sich und die Leistungen und der Werdegang unseres Nachwuchses nicht geradlinig verlaufen, können wir die Lineale vielleicht noch eine Weile in den Schulranzen lassen.

Tipp: Da die Leistungen und der Werdegang eines Kindes nicht geradlinig verlaufen, sondern mit Höhen und Tiefen, braucht ein Kind von seinen Eltern Einfühlungsvermögen für seine Krisen statt permanenten Erwartungsdruck.

Humor

Manche Eltern haben sich den Kinderwunsch zuvor romantisch vorgestellt und sind dann von den Anforderungen des Lebens mit Kindern leicht mal überfordert. In allen Altersstufen des Kindes warten auch erhebliche Anforderungen auf die Eltern. Viele davon sind auch in diesem Buch beschrieben. Hilfreich dafür ist, sich über diese verschiedenen Anforderungen gut zu informieren, zum Beispiel durch Bücher oder Beratung. Damit kann sich die Mutter, der Vater oder eine andere Beziehungsperson mehr inneren Abstand zu den Problemen und Konflikten des Erziehungsalltags verschaffen. Und mit diesem inneren Abstand zu den Schwierigkeiten ist die wesentliche Voraussetzung für einen humorvollen Umgang mit dem Kind im Alltag geschaffen. Überforderung tritt dann ein, wenn kein Abstand mehr zu der erlebten Belastung da ist.

Das Wissen darum, dass gerade eine ganz normale, typische Situation mit Kindern abläuft, ermöglicht den Eltern, entspannt zu bleiben und das Kind in den Blick zu nehmen, nicht die eigene Überforderung. Dann kann sie oder er das Kind ansehen, nett, liebevoll oder auch ein bisschen grimmig, und dem Kind zum Beispiel die erlebte Situation spiegeln, indem sie oder er noch mal wiederholt, was gerade passiert ist – vielleicht etwas überspitzt oder mit lustigem Tonfall, aber ohne sich selbst über das Kind lustig zu machen. Das Kind wird sich in der gespiegelten Situation erkennen und beginnt, wenn die Eltern den richtigen Punkt getroffen haben, vielleicht sogar zu lachen, weil es die Wiederholung lustig findet oder es dann selbst bemerkt hat, was es gerade gemacht hat, zum Beispiel, wenn es in ganz trotziger Weise etwas gefordert hat („Ich will, ich will, ich will..."). Spiegeln ist eine einfache Möglichkeit, Humor in eine problematische oder angespannte Situation zu bringen.

Es gibt viele andere Formen des Humors, die je nach Typ der Erziehungsperson gut passen. Manchmal reicht sogar schon etwas Gesichtsmimik mit einem Lächeln aus. Wichtig dabei ist, dass Eltern mit ihrem Blick und oft mit etwas abwartender Haltung in Kontakt mit ihrem Kind kommen. Das genügt manchmal schon und bewirkt oft mehr als tausend ermahnende Worte. Entscheidend dabei ist, dass sich das Kind gesehen, erkannt und letztlich verstanden fühlt. Wichtig ist, dass Eltern als Erziehungs- und Vertrauenspersonen anwesend und präsent sind, für das Kind da sind und das mit etwas Humor und in liebevoller Weise. Mutter und Vater müssen keine Clowns im Umgang mit ihrem Kind werden, aber auch bei Clowns können sich Eltern eine ganze Menge für den humorvollen Umgang mit Kindern abschauen. Es ist lehrreich, einfach mal genauer darauf zu achten, was ein Clown macht, wenn er Kinder zum Lachen bringt: er übertreibt, er macht Grimassen, er verhält sich vermeintlich ungeschickt. Er ist nicht so perfekt, wie wir oft im Alltag sein wollen und unsere Kinder oft sein sollen. Das ist lustig und sehr entspannend.

Tipp: **Ein entspannter Umgang mit den Anforderungen des Lebens mit Kindern enthält Humor und kann erlernt werden.**

Kinder- und Jugendschutz

Eltern haben normalerweise, wenn es keine Einschränkungen des Sorgerechts gibt, die elterliche Sorge für ihr Kind. Damit verbunden ist die Verantwortung der Eltern für die Pflege, den Schutz, die Beaufsichtigung und Erziehung des Kindes. Die gesetzlichen Regelungen zum Kinder- und Jugendschutz bilden dabei die Rahmenbedingungen für die elterliche Sorge. Es kommt gar nicht so selten vor, dass Eltern die Regelungen des gesetzlichen Kinder- und Jugendschutzes nicht oder nur ungenau kennen. Daher sollen hier nun einige gesetzliche Regelungen zitiert werden (in Klammern werden die gesetzlichen Grundlagen genannt):

Kinder unter 3 Jahren dürfen nicht bei Veranstaltungen wie Filmen oder Aufführungen mitwirken (§ 6 JArbschG).
Kinder unter 6 Jahren dürfen nicht ohne erwachsene Begleiter ins Kino gehen (§ 11 JuSchG).
Kinder unter 7 Jahren sind noch nicht geschäftsfähig. (Ein Einkauf des Kindes, mit dem die Eltern nicht einverstanden sind, wäre entsprechend nicht rechtswirksam und könnte rückgängig gemacht werden.) (§ 104 BGB)
Kinder unter 8 Jahren dürfen nicht auf der Straße mit dem Rad fahren, wenn ein Gehweg vorhanden ist (§ 2 StVO).
Kinder unter 12 Jahren dürfen im Auto nicht ohne Kindersitz mitfahren (§ 21 StVO).
Kinder unter 13 Jahren dürfen noch keine Lohn-Beschäftigung ausüben, auch keine Ferienarbeit (§ 5 JArbSchG).
Kinder unter 14 Jahren sind noch nicht strafmündig. (Eltern haben die erzieherische Pflicht, ungesetzlichem Verhalten ihres Kindes entgegenzuwirken.) (§ 19 StGB)
Kinder unter 14 Jahren dürfen nicht alleine Gaststätten besuchen (§ 4 JuSchG).

Kindern unter 14 Jahren sind keine sexuellen Kontakte erlaubt (§ 176 StGB).

Kinder und Jugendliche unter 15 Jahren dürfen noch kein Mofa fahren (§ 10 FeV).

Kinder und Jugendliche unter 15 Jahren dürfen noch keine Lohn-Beschäftigung ausüben außerhalb der Kinderarbeitsschutzverordnung (§ 1 KindArbSchV).

Kinder und Jugendliche unter 16 Jahren dürfen ohne Eltern weder Bier noch Wein in der Öffentlichkeit konsumieren (§ 9 JuSchG).

Kinder und Jugendliche unter 16 Jahren dürfen nicht alleine ohne Begleitung einer personensorgeberechtigten oder erziehungsbeauftragten Person eine öffentliche Disco besuchen.

Kinder und Jugendliche unter 18 Jahren dürfen keinen Alkohol, auch keine Mixgetränke mit Alkohol kaufen und auch solche Getränke nicht in der Öffentlichkeit konsumieren; eine Ausnahme besteht für den Konsum von Bier und Wein ab 16 Jahren (§ 9 JuSchG).

Kinder und Jugendlichen unter 18 Jahren ist der Zugang zu Tabakwaren und das Rauchen in der Öffentlichkeit nicht erlaubt (§ 10 JuSchG).

Kinder und Jugendliche unter 18 Jahren dürfen nach 24 Uhr alleine ohne Begleitung einer personensorgeberechtigten oder erziehungsbeauftragten Person keine Disco, keine Gaststätte und kein Kino besuchen (§§ 4, 5, 11 JuSchG).

Kinder und Jugendliche unter 18 Jahren dürfen keine Spielhallen, Erwachsenenvideotheken, Nachtbars und jugendgefährdenden Orte besuchen (§§ 4, 6, 8, 15 JuSchG).

Kinder und Jugendliche unter 18 Jahren dürfen keine Computerspiele spielen oder Videos oder Filme sehen, die für Kinder und Jugendliche nicht freigegeben sind (§ 11 – 14 JuSchG).

Weniger eindeutig gesetzlich geregelt ist die Aufsichtspflicht der Eltern, die verbunden ist mit der Frage, ab welchem Alter Kinder für wie lange Zeit mal kurz oder länger alleine gelassen werden dürfen, sei es beispielsweise auf einem Spielplatz oder zuhause. Wichtig ist hierbei, nicht über Ängste von Kindern hinwegzugehen, langsam und behutsam vorzugehen und klare und zuverlässige Absprachen mit dem Kind über die Erreichbarkeit während einer Abwesenheit und den Zeitpunkt der Rückkehr zu treffen. Bei unter fünf Jahre alten Kindern ist gemäß juristischen Urteilen jedoch von einer dauerhaften Beaufsichtigung der Kinder auszugehen. Kinder, die noch nicht zur Schule gehen, sollten noch nicht alleine zuhause gelassen werden.

Tipp: **Eltern sollten sich bei der Sorge für ihr Kind an den gesetzlichen Regelungen zum Kinder- und Jugendschutz orientieren.**

Konflikte klären

Viele Familien leben mit der Wunschvorstellung, dass ihr Familienleben in großer Harmonie und möglichst ohne Streit ablaufen solle. Sie sind dann darüber enttäuscht, dass die Realität anders aussieht. Konflikte und Streit gibt es mehr als gewünscht und gedacht. Schlichtungen und Klärungen gestalten sich schwieriger als erhofft. Daraus kann dann ein ungünstiger Kreislauf aus Enttäuschungen und Vorwürfen entstehen, ohne dass ein Ausweg zu sehen ist.

Was kann da weiterhelfen? Zunächst kann hilfreich sein zu erkennen, dass eine Familie ohne Konflikte eine Illusion ist. Es mag sie in ganz seltenen Fällen geben, doch was langfristig passiert, wenn Konflikte „unter den Teppich gekehrt werden", ist oft weniger gut, als die Realität von Konflikten anzuerkennen.

Konflikte entstehen ganz normal und einfach hauptsächlich aus unterschiedlichen Wahrnehmungen und Interessen. Die eine sieht es so, der andere sieht es anders. Der eine will dies, die andere will das. Das ist normal, weil die Menschen eben nicht gleich, sondern verschieden sind. Keinen Menschen gibt es zweimal. Selbst eineiige Zwillinge sind noch verschieden. Wenn also die Familie ohne Konflikte eine Illusion ist, kommt es darauf an, die vorhandenen Konflikte so gut wie möglich zu klären. Die möglichst schnelle Klärung von Konflikten, egal ob diese zwischen Kindern, zwischen den Eltern oder zwischen Eltern und Kindern bestehen, ist wichtig, damit sich keine Vergiftung der Familienatmosphäre einschleicht. Eine sofortige oder zumindest sehr schnelle Klärung ist immer von Vorteil, aber besonders nötig, wenn Konflikte zwischen Kindern oder zwischen Erwachsenen und Kindern bestehen. Dann sollte die Familie die Konflikte zumindest noch am Tag des Konflikts klären, damit die Kinder entlastet werden. Natürlich sind auch langfristig zwischen Erwachsenen schwelende Konflikte Gift für die Partnerschaft.

Wie nun lassen sich Konflikte klären? Wichtig ist dabei, sich in der Familie die Zeit und die Ruhe zu nehmen, sich die Konflikte genauer anzusehen. Das heißt, dass jeder sagen darf, was er wahrgenommen hat, wie er das erlebt, was er dazu fühlt und denkt und was er will. Damit wird der Konflikt transparenter und es ist dann leichter möglich, Lösungen oder Kompromisse zu finden.

Tipp: **Eine Familie ohne Konflikte ist eine Illusion. Es kommt darauf an, die Konflikte zu klären.**

Konsum

Wir leben in einer Konsumgesellschaft, in der es immer leichter wird zu konsumieren. Mit einem Klick kann von zuhause aus oder von jedem beliebigen Ort bestellt werden. Schon Kinder wissen meistens, wie das geht, können so zum Beispiel ihre ausgewählte Märchen-DVD bestellen oder irgendeine Figur aus Kunststoff, die es, alle Ästhetik überlistend, mit immensem Werbeaufwand zur Kultfigur für Kinder geschafft hat.

Die angestiegenen Glückserwartungen in unserer Gesellschaft finden im Konsum häufig ein Ventil, einen vermeintlichen Schlüssel zum Glück. Glück lässt sich damit zwar nicht unbedingt erzielen, aber sporadisch wird doch eine gewisse Anregung oder Stimulierung erreicht. Glück scheint käuflich. Das führt in der Regel dazu, dass weiter konsumiert werden muss, um an der Möglichkeit des Glücks dran zu bleiben.

Bei Jugendlichen dreht sich der Konsum meistens um Musik, Mode und Marken. Manchmal entsteht dabei eine Konkurrenz unter den Jugendlichen, bei der die Gefahr besteht, abgehängt zu werden, wenn sie nicht den neuesten Stand erreichen können. Das ist selbstverständlich besonders schwierig, wenn das Geld für den gewünschten Konsumstandard nicht ausreicht. Da droht dann quasi implizit der Ausschluss aus der kleinen Konsumgesellschaft derjenigen, die da (noch) zusammen agieren und eben konsumieren.

Werbung in ihren vielfältigen Formen schafft die Anreize und die inneren Bilder für den erstrebenswerten Konsum. Die Bilder der Werbung zeigen, wie allzeit glücklich, gut gelaunt und schön wir leben könnten, wenn es doch bloß gelänge. Dabei ignorieren wir zumeist gerne, dass das Leben so in der Realität nicht funktioniert. Würden wir das realisieren, müssten wir Abschied nehmen von der Glückserwartung durch den Konsum. Aber was wäre dann?

Eltern stehen der Konsumerwartung ihres Kindes nicht selten ratlos oder auch ohnmächtig gegenüber. Da kann es schon mal vorkommen, dass ein durch die Gruppe der Gleichaltrigen unter Marken-Druck stehender Jugendlicher seine Erwartung an den Konsum solcher Marken-Artikel auch dann bei Mutter oder Vater vehement einfordert, wenn die Haushaltskasse den Kauf nicht erlauben dürfte. Oder was passiert, wenn konsumfreudige Kinder und Jugendliche auf konsumkritische Eltern treffen? Antworten sind in diesem Fall nicht leicht zu finden. Hier wie dort sollten Eltern sich nicht scheuen, die Auseinandersetzung mit ihren Heranwachsenden zu suchen. Denn hier geht es im wahren Sinne des Wortes um Werte: um den Wert des Geldes an sich wie auch um die ethischen und sozialen Werte und die Sinnhaftigkeit.

Tipp: **Eltern sollten bei Fragen des Konsums nicht die Auseinandersetzung mit dem Kind oder Jugendlichen scheuen, denn hier geht es um wahre Werte: den Wert des Geldes an sich wie auch um die ethischen und sozialen Werte und die Sinnhaftigkeit.**

Krankheit und Gesundheit

Das Rezept bei einer Krankheit ist die Verordnung des Arztes, wie aus Krankheit mit Hilfe eines Medikamentes Gesundheit wird. Ist das wirklich der ganze Zusammenhang von Krankheit und Gesundheit? Ist das wirklich das richtige Rezept? Oder wie könnte ein anderes Rezept aussehen?

Die meisten Menschen, auch Eltern, sind das einfach so gewöhnt, dass Krankheiten, auch die ihres Kindes, zwangsläufig zum Arztbesuch und in Folge zu einer Rezept-Verschreibung führen. Das ist in der Regel gut gemeint und auch das Ergebnis einer gewissen Unsicherheit, nichts falsch machen zu wollen und nichts riskieren zu wollen, auch von Seiten des Arztes. Die Autorität der Ärzte in weißen Kitteln und die Werbung der Pharma-Industrie tragen ebenso dazu bei, daran nicht zu rütteln. Das ist schade, denn die Sprache der Krankheitssymptome und die Weisheit ihrer Botschaften, die oft noch in unserer Sprache aus früheren Zeiten versteckt ist, werden so oft gar nicht entdeckt. Wenn einem Kind der Ärger auf den Magen schlägt, es sauer ist, dann ist es doch fatal, ein Medikament gegen Bauchschmerzen zu verabreichen, statt den Ärger zu verstehen. Wenn sich ein Kind den Kopf vor lauter Grübeln zerbricht, hilft ein Medikament gegen Kopfschmerzen allenfalls kurzfristig, stattdessen könnte hilfreich sein, dem Kind dabei zur Seite zu stehen, worüber es grübelt. Auch frische Luft und Bewegung könnten helfen. Wenn ein Jugendlicher Rückenschmerzen hat, hilft neben dem Arztbesuch häufig die gemeinsame Betrachtung dessen, was die seelischen Belastungen sind, die der Jugendliche (auf seinem Rücken) zu tragen hat. Oft zeigt der Körper wie eine rote Ampel mit einer Krankheit die Überlastung an und regt den Menschen damit zu einer Pause an. Da ist die Pause dann sinnvoll und vernünftig, und sie kann dann für die Regeneration sogar ausreichend sein. Eine Verabreichung eines Medikamentes statt der Pause wäre dann kontraproduktiv, nicht sinnvoll. Wer Krankheit und Gesundheit so versteht, weiß, dass mit Krankheiten Reifungs- und Wachstumsprozesse verbunden sein können. Die Krankheitssymptome sind dann wie Ampeln und Wegweiser im Lebensdschungel, auch für Eltern in der

Erziehung. Der Sinn von Krankheitssymptomen will verstanden werden und dafür braucht es in der Regel Zeit, Geduld und Zuwendung für das Kind. Auf diese Weise lassen sich die Abwehrkräfte des Kindes aus dessen eigener Kraft stärken, für die aktuelle und präventiv für weitere Krankheiten. Und mit dem Durchleben einer Krankheit und gestärkter eigener Abwehrkraft sind bei Kindern nicht selten sogar erstaunliche Entwicklungssprünge zu beobachten.

Eltern, die eine behandlungsbedürftige Krankheit ihres Kindes ausschließen wollen, sollten jedoch selbstverständlich mit ihrem Kind einen Arzt konsultieren.

Tipp: **Krankheitssymptome sind oft Ampeln und Wegweiser im Lebensdschungel, auch in dem der Erziehung.**

Kränkungen

Was ist bloß los mit dem Kind? Warum reagiert es so? Wieso ist es so unzugänglich? Oder so unerwartet wütend? Das sind Fragen, die sich Eltern manchmal stellen. Sie wissen nicht, was passiert ist. Und sie finden keinen Zugang zum Kind und keine passenden Worte. Oft sind solche für Eltern unverständlichen Reaktionen eines Kindes Reaktionen des Kindes auf Kränkungen, die das Kind erlebt, aber die Eltern nicht bemerken oder wahrnehmen.

Was kränkt ein Kind, ohne dass Eltern das merken? Das kann eine Abwertung, eine Geringschätzung oder ein Vergleich sein,

die als Ablehnung empfunden werden, besonders dann, wenn wichtige Personen wie Eltern, Geschwister oder Freunde sie aussprechen. Da genügt dann ein Satz wie „Das kann deine Schwester aber besser!", um eine Kränkung zu bewirken.
Kränkungen wirken dadurch, dass sie das verletzliche, noch nicht genügend gefestigte Selbstvertrauen des Kindes angreifen. Gerade Kinder mit noch labilem Selbstvertrauen neigen häufig dazu, sich in Größenphantasien zu flüchten, sich also in ihrer Phantasie als besonders großartig zu erleben, und sie werden dann von den Rückmeldungen in der Realität umso härter getroffen. Das Selbstvertrauen dieser Kinder konnte sich auch aufgrund mangelnder Unterstützung von außen bis dahin noch nicht genügend stabilisieren.

Die Frage, ob heutige Kinder kränkbarer sind als früher, muss wohl tendenziell bejaht werden. Das gesellschaftliche Umfeld, das ein Kind heute vorfindet, ist geprägt von künstlichen Medien- und Computerspielwelten, in denen Größenphantasien permanent genährt werden. Toll, besonders oder außergewöhnlich zu sein oder sich sogar auf dem Weg zu einem Model oder Star zu befinden, viele großartige Möglichkeiten zu haben, wie man werden könnte, das wird heutigen Kindern und Jugendlichen immerzu suggeriert. Die Realität ist im Gegensatz dazu zumeist ernüchternd oder eben sogar kränkend.

Für Mütter, Väter oder sonstige Kindern nahe stehende Personen ist es zunächst einmal wichtig, diese Kränkungen zu erkennen und zu verstehen. Den Blick dafür offen zu halten, ein Gespür dafür zu entwickeln, was vorausgehende Situationen der zunächst unverständlichen und vermeintlich überzogenen Reaktionen des Kindes waren, ermöglichen den Zugang zum Kind. Wenn das nicht gelingt, kann auch ein verständnisvoller Satz zum Kind quasi als Türöffner weiterhelfen wie zum Beispiel: „Ich glaube, dass etwas passiert sein muss, was ich nicht bemerkt habe. Sonst würdest du dich wohl nicht so verhalten. Kannst du mir da weiter helfen, damit ich dich besser verstehen kann?" Dabei kommt es gar nicht so sehr auf die genauen Worte an. Die kann jeder selbst passend finden. Wichtig ist der für das Kind spürbare Wunsch, das Kind besser in seinem Verhalten zu verstehen. Und kaum etwas ist für ein Kind heilsamer, als von den Eltern verstanden zu werden.

Tipp: **Viele den Eltern unverständliche Reaktionen eines Kindes sind Reaktionen auf Kränkungen. Es hilft weiter, wenn Eltern diese Kränkungen verstehen.**

Kulturelle Anregungen

Wo Familien auch hinkommen, wenn zu öffentlichen Kinderfesten eingeladen wird, sie finden zumeist das Gleiche vor: Hüpfburg, Schminktisch und Fußballtorwand. Es ist richtig: Kinder hüpfen gern, schminken sich mal und schießen auch gerne mit einem Fußball. Und dennoch ist es erstaunlich einfallslos von Erwachsenen, Kinder immerzu auf diese Angebote zu reduzieren. In fest installierten Spielecken von Banken oder Geschäften gibt es für Kinder als Standardangebot eine digitale Spielwand. Kinder daddeln gerne, wenn Eltern sie lassen und eben mal abstellen. Die Nutzung solcher Angebote scheint den Machern recht zu geben.

Kinder werden mit den genannten Angeboten unterschätzt, oft aus Unwissenheit. Denn Kinder als die neugierigsten Wesen dieser Erde interessieren sich eigentlich für alles, falls man es ihnen nicht abgewöhnt, indem geplagte oder gestresste Erwachsene die Neugier der Kinder nicht als erstaunliches Potential erkennen. Die Neugier macht Kinder zu Entdeckern und Erfindern, Sachensuchern und Tüftlern, Rätsellösern und Phantasiegiganten. Für Kinder kann prinzipiell jeder Ort und insbesondere jeder kulturelle Ort interessant sein, wenn sie die Möglichkeit haben, diesen kindgerecht zu entdecken. Glücklicherweise gibt es zunehmend Plätze auf dieser Welt, an denen Kinder die Möglichkeit haben, ihre Neugier einzubringen. Zum Beispiel in Museen, in denen Kinder Kunst auf kindgerechte Weise entdecken, in denen Bilder zu Suchbildern werden, auf denen es etwas zu erkunden gibt, oder in denen sie den Kunststil in seiner Machart und seinen Farben ausprobieren können.

Weit verbreitet ist auch die Ansicht, Lieder für Kinder müssten den einfachsten Rhythmus und den schlichtesten Text haben. Wiederum wird die enorme Neugier und auch Lernfähigkeit von Kindern für komplexere Formen der Musik unterschätzt. Kinder sind oft durchaus interessiert an klassischer Musik oder anderen Musikrichtungen, insbesondere dann, wenn sie die Macher dieser Musik mit ihren Instrumenten hautnah erleben und beobachten, eventuell sogar mal Musikinstrumente erkunden und ausprobieren dürfen. Grundsätzlich kann nahezu jeder kulturelle Ort auch zum Entdeckungsplatz für Kinder gemacht werden. Hierzu ist lediglich etwas Phantasie und Anregung durch die Erwachsenen nötig.

Tipp: **Kinder interessieren sich für fast alles in der Kultur. Es kommt darauf an, wie man es ihnen anbietet.**

Kuscheln

Kinder kuscheln normalerweise gerne, brauchen die körperliche Nähe zu ihren Eltern, um sich wohlzufühlen. Das Familien-Sofa kann ein gut geeigneter Platz zuhause sein, wo es sich gut kuscheln lässt. Auch ein In-den-Arm-nehmen zwischendurch oder ein aufmunterndes Arm-um-die-Schulter-legen kann ein Zeichen der Liebe zum Kind sein, mag mal Trost vermitteln oder einfach zeigen, dass Eltern ihrem Kind zur Seite stehen.
Ein Begrüßungs-, Verabschiedungs- oder Gute Nacht-Kuss gehört zu liebevollen Alltagsritualen oft dazu. Es kann aber auch ein „Ich hab' dich lieb-Kuss" zwischendurch sein. Durch den Körperkontakt erfährt ein Kind Halt, Geborgenheit, Sicherheit und Wohlfühlen.

Bereits Babys im Tragetuch am Körper der Mutter oder des Vaters spüren, fühlen, riechen, sehen und hören ihre Eltern auf diese Weise und nehmen so am Alltagsleben teil, werden vertraut mit ihren Eltern und der Welt.

Solange ein Kind mit den Eltern kuscheln mag, ist das in der Regel auch in Ordnung. Ein Kind kann den Körperkontakt zumeist gut selbst regulieren. Kinder sind in dieser Hinsicht ein bisschen wie Katzen, sie holen sich den Kuschelkontakt und die Nähe, die sie brauchen.
Es sollte dabei nicht darum gehen, die Nähe-Bedürfnisse der Eltern zu erfüllen. Dafür sind die erwachsenen Partner da.

Abgrenzungen von Seiten des Kindes oder des Jugendlichen treten ganz natürlich meistens mit der aufkommenden Pubertät auf. Jugendliche empfinden zu viel Nähe mit den Eltern, erst recht in der Öffentlichkeit, leicht mal als peinlich. In häuslicher Atmosphäre mag das mal zwischendurch aber noch wieder ganz anders sein. Die Wechselhaftigkeit wird in dieser Phase zur Normalität.

Auch Eltern dürfen und sollten sich abgrenzen, wenn ihnen etwas im Nähe-Kontakt mit dem Kind nicht gefällt, zum Beispiel wenn Kinder etwas ausprobieren wollen, das unangenehm ist, wie etwa mit der Haut kneten oder kratzen.

Sexualität ist etwas anderes als Kuscheln und hat keinen Platz im Kontakt mit Kindern. Was im Kontakt mit Kindern oder Jugendlichen der eigenen sexuellen Stimulierung dient, ist sexueller Missbrauch. Falls auffällt, dass Kinder sexuellen Körperkontakt suchen, kann das ein Hinweis auf bereits erlebte sexuelle Missbrauchserfahrungen sein. In diesem Fall sollte umgehend beispielsweise eine Beratungsstelle für Kinder, Jugendliche und Eltern aufgesucht werden, um die Auffälligkeiten abzuklären. Erwachsene sollten einem Kind in solchen Fällen ruhig, aber direkt klare Grenzen in Bezug auf die Art des Körperkontaktes aufzeigen.

Es gibt Eltern, denen es schwer fällt, körperliche Nähe zuzulassen, auch zu ihrem leiblichen Kind. Das hat nicht immer, aber häufig mit eigenen schlechten Lebenserfahrungen zu tun. Psychotherapie oder Beratung kann dabei weiterhelfen. Für alle Eltern gilt, dass es wichtig ist, für entspannte Momente im Leben mit den Kindern zu sorgen, weil es sich entspannt auch viel leichter kuscheln lässt.

Vermeiden Kinder von sich aus Körperkontakt und zeigen andere auffällige Verhaltensweisen, könnte beispielsweise eine autistische Störung bei dem Kind vorliegen. Das kann bei einem Kinderpsychotherapeuten oder in einer Beratungsstelle für Kinder, Jugendliche und Eltern genauer untersucht werden.

Tipp: Kinder kuscheln normalerweise gerne, brauchen den körperlichen Kontakt zu ihren Eltern, um dadurch Halt, Geborgenheit, Sicherheit und Wohlfühlen zu erfahren und zu erleben.

Langeweile

Wir haben mehr technische Hilfsmöglichkeiten als alle Menschen in früheren Zeiten. Wir haben zudem eine ungeheure Menge an zur Verfügung stehenden Informations- und Gestaltungsmöglichkeiten. Und schließlich haben wir in den Industrieländern zumeist eine riesige Menge an Materialien. Diese uns umgebende Fülle an Technik, Informationen und Materialien bewirkt für uns – und auch schon für unsere Kinder – häufig oder sogar ständig ein ungeheures Zeit-Tempo, das erforderlich ist, um all das zu bewältigen. Viele Menschen fühlen sich oft unter Zeit-Druck, gehetzt. Es ist so, als ob nahezu immerzu zu viel auf einmal passiert, das verarbeitet und verkraftet werden will.

Was in unserer Zeit demnach eigentlich fehlt, ist eine „lange Weile". Und wenn wir oder unsere Kinder sie plötzlich haben, die „Lange Weile", wissen wir mit ihr, der Zeit, gar nichts mehr anzufangen. Dann suchen wir nach immer neuen Anregungen, um diese Zeit auszufüllen. Dabei ist die Langeweile eigentlich eine Chance. Eine Chance anzuhalten, zur Besinnung zu kommen, zu sich selbst zu finden und damit eigene kreative Möglichkeiten jenseits von Technik und Informationsflut zu entdecken. Das war nicht nur für Kinder in früheren Zeiten normal. Mit wenigen technischen Hilfsmitteln war Eigeninitiative und Kreativität gefordert, um zu spielen. Auf diese Weise können Kinder entweder mit Materialien, die in der Natur zu finden sind wie zum Beispiel Holz, Steinen, Rinde, Gräsern und Erde etwas für das Spiel entdecken und entwickeln. Oder Kinder können mit Hilfe der reinen Phantasie kreativ spielen, ganz ohne Materialien, zum Beispiel in ausgedachte Rollen schlüpfen. Dabei kann wieder mehr Langsamkeit entstehen, Eintauchen in die Zeit, in eine lange Weile, ohne Langeweile zu empfinden.

Tipp: Langeweile kann als Chance für das Kind verstanden werden, mit der Zeit und sich selbst in Kontakt zu kommen und kreativ zu werden.

Laute Lebensfreude

Glücklicherweise wurden die gesetzlichen Grundlagen dafür geändert: die Lautstärke von Kindern beim Spielen ist kein Kündigungsgrund mehr in Mietwohnungen. Und das ist auch gut so. Denn Kinder, die Lebensfreude zeigen, Spaß haben, juchzen, sich freuen, toben, sich auch mal streiten oder miteinander kämpfen, solche Kinder sind normalerweise gesund. Sorgen machen können wir uns eher über bedrückte, allzu ruhige Kinder, die sich nicht trauen, auch mal lauter zu sein und die sich eher zurückziehen, kaum Kontakte und wenig Spaß haben. Denn solche Kinder brauchen eventuell Hilfe.

Die Sichtweise von Erwachsenen ist zuweilen anders. Da gilt das ruhige, pflegeleichte Kind manchmal als ideal, bei Vermietern, anderen Mietern, aber auch bei Lehrern, Erziehern oder bei Eltern. Wie können Eltern feststellen, was gesund oder ungesund, was Ausdruck von Lebensfreude ist und was nicht? Wie ist das Verhältnis von kindlicher Lebensfreude einerseits und elterlichem Ruhebedürfnis andererseits? Das ist gar nicht immer so leicht, hier Klarheit zu bekommen. Zunächst mal ist es gut, den Blick auf das Kind zu richten: hat es Spaß, lacht es, freut es sich? Allzu oft sind Erwachsene an anderen Erwachsenen orientiert: was denken die Nachbarn, wenn sie den Lärm jetzt hören? Und: was denken sie über *mich* als Mutter oder Vater?

Habe *ich* gar in der Erziehung versagt? Auf diese Weise gerät kindliche Lebensfreude leicht aus dem Blick und die Wirkung auf andere in den Fokus. Wenn wir uns aber klar machen, wie wichtig Lebensfreude für die geistig-seelische Entwicklung eines Menschen ist, geraten die Prioritäten wieder in die richtige Reihenfolge. Wenn wir ein Gespür für wirkliche Lebensfreude bekommen, werden wir auch merken, dass es auch eine Lautstärke gibt, die eher schrill ist und mehr mit Langeweile zu tun hat als mit Lebensfreude. Und natürlich gibt es auch gesunde Grenzen von Eltern, die ebenso ein Recht darauf haben, dass es auch mal ruhigere Phasen gibt, damit das Ruhebedürfnis seinen Platz hat. Bei unterschiedlichen Bedürfnissen in der Familie bleibt neben dem Modus des Wechsels auch die Möglichkeit, sich ohne schlechtes Gewissen mal aus dem Wege zu gehen, um sich anschließend dann entspannt wieder zu treffen.

Tipp: **Wenn Kinder Lebensfreude zeigen, ist es unvermeidlich, dass es auch mal laut ist.**

Lehrer

Wer kennt die Situationen nicht noch aus eigener Erinnerung oder aber der Schilderung des Kindes: sich von der Lehrerin oder dem Lehrer ungerecht behandelt oder bewertet zu fühlen. Erwischt, ermahnt oder bestraft wurde nur *ich*, obwohl doch ein anderer mit dem Unfug angefangen hatte und auch andere mitgemacht haben. Die Bewertung der Arbeit erscheint zu schlecht, zumal *ich* doch alles aufgeschrieben habe, was der Lehrer dazu im Unterricht erklärt hatte. Oder der Lehrer behandelt eine andere Schülerin scheinbar immer besser als *mich*. Das ist doch wirklich alles so ungerecht. Da kommt das Kind dann aus der Schule nach Hause mit einer Gefühlsmischung aus Niedergeschlagenheit, Ärger und Enttäuschung und stellt die Eltern vor eine hohe Anforderung.

Was tun? Es ist doch gut, wenn sich ein Kind den Eltern anvertraut, wenn es Sorgen hat. Aber hier stehen Eltern vor einer Zwickmühle. Verstehen sie ihr Kind voll und ganz und zeigen ihm das auch oder machen gar abfällige Bemerkungen über den Lehrer vor dem eigenen Kind, kann sich das Kind oder der Jugendliche in seinem Ärger auf den Lehrer bestätigt fühlen. Für die zukünftigen Kontakte zwischen Schüler und Lehrer kann das zu Respektlosigkeiten von Seiten des Schülers führen, da er sich durch seine Eltern gestärkt fühlt gegenüber dem Lehrer. Da sich ein Lehrer ein respektloses Schüler-Verhalten kaum gefallen lässt, kann das dann wiederum zur Folge haben, dass sich diese Lehrer-Schüler-Beziehung spürbar abkühlt und tatsächlich in eine Sackgasse gerät. Umgekehrt wäre es fatal, wenn ein Kind, das in der Schule wirkliche Ungerechtigkeiten erleidet, kein Verständnis von Seiten der Eltern erfahren würde. Das würde das Leiden des Kindes ohne Zweifel verstärken, vielleicht sogar erschweren, dass das Kind sich in anderen Situationen vertrauensvoll an seine Eltern wendet. Das ist die Zwickmühle, vor der Eltern in einer solchen Situation stehen: so oder so kann die Reaktion der Eltern eine unerwünschte und nicht beabsichtigte Wirkung haben.

Manche Eltern versuchen ein solches Thema vielleicht damit zu lösen, dass sie einzuschätzen versuchen, ob wirklich eine Ungerechtigkeit vorliegt oder nicht, um danach ihre Reaktion auszurichten. Auch das ist eine Falle. Abgesehen davon, dass die Ungerechtigkeit einer Situation von außen schwer zu beurteilen ist, würde das im Ergebnis zu den gleichen Verläufen führen können wie oben beschrieben. Das liegt daran, dass Lehrer wie Schüler ihre Reaktionen nach ihrem Empfinden ausrichten. Unabhängig davon, ob eine Ungerechtigkeit wirklich vorliegt oder nicht, entsteht ein weitergehendes Lehrer-Schüler-Problem dann, wenn Eltern dazu beitragen, dass die Autorität des Lehrers untergraben wird. Daher können Eltern ein solches Thema zunächst nur mit einem Spagat lösen, mit einem "sowohl als auch", indem sie sowohl dem Kind als auch dem Lehrer den Rücken stärken. Dafür lassen sich auch oft gute Gründe finden, denn unfehlbar ist kein Mensch und Ungerechtigkeiten gibt es immer im Leben. Falls das nicht ausreicht, bleiben noch die Möglichkeiten des Elterngesprächs beim Lehrer oder in gravierenden Fällen des Elterngesprächs beim Schulleiter, der Beschwerde oder des Klassen- oder Schulwechsels für den Schüler.

Tipp: **Der Spagat, den Eltern zwischen ihrem Kind auf der einen Seite und der Lehrerin oder dem Lehrer auf der anderen Seite leisten sollten, ist, beiden den Rücken zu stärken.**

Licht und Schatten

Durch die Vielfalt technischer Möglichkeiten lässt sich vieles heute in größerer Perfektion gestalten. Fotos können in Computerprogrammen optisch nachgebessert werden, so dass ein besseres Bild von uns selbst oder unseren Lieben, auch von unseren Kindern, entsteht. Das reale Bild kann auf diese Weise dem Wunschbild, dem Ideal mehr und mehr angepasst werden. Die Fehler können beseitigt und die Schattenseiten verleugnet werden. Das Bestreben, Schattenseiten zu verleugnen, ist allgegenwärtig. Wir sind umgeben von vermeintlich perfektionierten Hochglanzbildern aus den Medien, insbesondere auch aus der Werbung.

Dass dieses Perfektionsstreben nicht auf die Bilder von uns beschränkt ist, sondern längst die Realität des Körperlichen erreicht, zeigt die enorme Zunahme von Schönheitsoperationen, auch schon bei jüngeren Menschen. Was dabei auf der Strecke zu bleiben droht, ist die Natürlichkeit der Menschen, die eigentlich deren ursprüngliche Schönheit ausmachte. Zur Natur des Menschen gehören Fehler, Stärken und Schwächen, eben Licht- und Schattenseiten. Kein Mensch ist bei näherer Betrachtung perfekt. Das wäre unmenschlich, quasi göttlich. Nach Perfektion zu streben ist, so gesehen, eine Variante des Strebens nach Unsterblichkeit ohne Alterung. Schönheitsoperationen versuchen das annähernd zu erreichen. Letztlich vergeblich, wie wir wissen, und mit zweifelhaftem Erfolg. Aber die allgegenwärtigen Idealbilder prägen unser Leben grundsätzlich, auch das von Kindern und Jugendlichen.

Zum einen ist das von Medien und Werbung vermittelte Perfektionsideal auch für Kinder und Jugendliche sehr präsent. Zum anderen haben auch viele Eltern das Streben nach Perfektion soweit verinnerlicht, dass sie ihre Kinder damit manchmal mehr konfrontieren, als diesen gut tut. Daraus können dann zum Beispiel erhebliche schulische Leistungsanforderungen an die Kinder resultieren, verbunden mit dem Ideal, dass aus den Kindern sehr erfolgreiche Erwachsene werden. Auch die Freizeit mag angereichert werden mit fordernden Ansprüchen, so dass manche Kinder bereits gefüllte Terminkalender haben, wo sie von Termin zu Termin hasten, um sich zu vervollkommnen. Die Eltern wollen im wahren Sinne der Worte nur das Beste für ihr Kind – und von ihrem Kind.

Ohne Erkenntnis der selbst- und fremdschädigenden psychischen Zusammenhänge sind diese Abläufe jedoch schwerlich zu beseitigen, denn hier handelt es sich zweifellos um tiefgehende menschliche und gesellschaftliche Strukturen. Abhilfe kann da eine tiefer gehende Einsicht in die menschliche Natur bringen, mit der erkannt wird, dass zum Menschen Stärken und Schwächen, Licht und Schatten gehören und dass gerade das die Besonderheit und auch Schönheit von Menschen ausmacht.

Tipp: **Die Weisheit, dass dort, wo Licht ist, auch Schatten ist, gilt auch für Kinder und Jugendliche.**

Liebe und Bindung

Die Liebe der Eltern zum Kind enthält idealerweise Zuwendung, Zuverlässigkeit, Einfühlungsvermögen, Schutz, Beruhigung, Aufmerksamkeit, Bestätigung und Akzeptanz. Damit kann eine sichere Bindung zwischen Kind und Eltern ermöglicht werden. Die Grundlage für eine sichere Bindung wird bereits in der frühen Lebensphase des Kindes gelegt. Mütter oder Väter, die selbst keine sichere Bindung in ihrer Kindheit erlebt haben, haben es als Eltern schwerer, ihrem Kind die Voraussetzungen für eine sichere Bindung zu geben. Nicht selten ringen diese Eltern mit viel Mühe um die Beziehung zu ihrem Kind, und wenn sie an den Punkt kommen zu betrauern, was sie selbst in ihrer Kindheit erlebt haben und was die Beziehung zu ihrem Kind blockiert, dann sind sie bereits einen erheblichen Schritt weiter auf diesem Weg. Hier kann es weiterhelfen, die Hilfe einer Erziehungsberatungsstelle in Anspruch zu nehmen. Es ist wichtig zu wissen, dass Liebe und Bindung letztlich auch Ideale sind, deren vollkommene Realisierung vielleicht niemals gelingen mag. Wesentlich ist, sich auf den Weg zu machen, das zu verwirklichen, was möglich ist. Die Liebe der Eltern zum Kind ist das A und O für die Bindung zwischen Kind und Eltern. Das ist auch die Grundlage für viele Tipps in diesem Buch, die nicht als Gebrauchsanweisungen funktionieren, sondern auf der Grundlage der Liebe zum Kind.

Tipp: **Die Liebe zum Kind enthält idealerweise Zuwendung, Zuverlässigkeit, Einfühlungsvermögen, Schutz, Beruhigung, Aufmerksamkeit, Bestätigung und Akzeptanz. Damit kann eine sichere Bindung zwischen Kind und Eltern ermöglicht werden.**

Loslassen

Die meisten Eltern erleben ein eigenes Kind als das Kostbarste, was es gibt. Nichts anderes ist vergleichbar mit einem Kind, das sie im Idealfall von Geburt an begleiten, betreuen, umsorgen, „hegen und pflegen". Und nach vielen Jahren, meistens 16 bis 20 Jahren, kommt der Zeitpunkt des erweiterten Loslassens für Eltern und Kind. Dann ist das Kind selbst zum Erwachsenen geworden und lebt weitgehend das eigene Leben. Im Tierreich vollzieht sich die Ablösung der Jungen viel schneller. Hamster beispielsweise verlassen bereits nach drei Wochen den Bau ihrer Vorfahren. Menschenkinder haben da im Vergleich erstaunlich viel Zeit für die Ablösung. Aber gerade dieser lange Zeitraum der Verbindung macht das Loslassen oft schwer, besonders für die Eltern, aber auch für manche Kinder, wenngleich die gesamte Entwicklung bereits eine permanente Übung darin ist, stets auch etwas loszulassen.

Mit jedem Entwicklungsschritt des Kindes wird ein Stück Ablösung vollzogen. Ein Kind, das krabbeln oder laufen kann, ist immerhin bereits in der Lage, sich von den Eltern selbst zu entfernen. Besondere große Ablösungsschritte sind der Schuleintritt und die Pubertät, mit denen Kinder sich neue Welten geistiger und körperlicher Reifung erschließen und die Welt der Gleichaltrigen für sie an Bedeutung gewinnt. In der Adoleszenz schließlich steht der Jugendliche vor der Aufgabe, zum Erwachsenen zu werden. Damit verbunden sind in der Regel die Hürden der Berufswahl und der Partnerwahl, die zentralen Themen dieser Lebensphase. Wenn diese Schritte gelingen, was aufgrund der Erwartungen und Ideale nicht immer einfach ist, oder zumindest der Schritt der Ausbildungs- oder Berufswahl erfolgreich ist, steht zumeist aufgrund einer anstehenden Ortsveränderung die Eltern-Kind-Trennung bevor. Wie viel Trennungsangst auf Seiten des Kindes hierbei vorhanden ist, hängt im Wesentlichen davon ab, wie viel Selbständigkeit das Kind im Verlauf seines Heranwachsens entwickeln durfte und konnte.

Das Maß der elterlichen Trennungsangst wiederum ist davon abhängig, wie viel Eigenständigkeit Mutter und Vater sich bewahrt oder aufgebaut haben während der Kindererziehung. Je mehr eigene Lebensbereiche und persönliche Stärke sie haben, desto leichter können sie ihr Kind loslassen, wenn der Zeitpunkt da ist, dass es in die Welt hinaus zieht. Sollten die Eltern oder ein Elternteil besonders fixiert auf das Kind gewesen sein, ohne ein eigenständiges Leben geführt zu haben, so gestaltet sich die Ablösung meistens besonders schwierig, und zwar sowohl für die Eltern als auch für das Kind, das diese Art der Abhängigkeit spürt und daher nicht in die Selbständigkeit gehen darf. In einem solchen Fall ist für das Loslassen beispielsweise Beratung in einer Erziehungsberatungsstelle sinnvoll, um diesen Entwicklungsschritt vollziehen zu können.

Tipp: **Zum Loslassen des Kindes gehört einerseits, dass ein Kind bereits im Verlauf seines Aufwachsens Selbständigkeit entwickeln darf und kann und andererseits, dass die Eltern ihre eigene Lebenswelt nicht vernachlässigen.**

Mädchen und Jungen

Natürlich gibt es sie, die Unterschiede zwischen Mädchen und Jungen. Besonders im Körperlichen sind sie nicht zu übersehen. Jungen werden im Durchschnitt größer als Mädchen, sind zumeist auch kräftiger. Mädchen entwickeln sich jedoch zumeist in ihrer sexuellen Reifung schneller als Jungen, sind den Jungen im biologischen Alter durchschnittlich ein bis zwei Jahre voraus und daher im Alter von 10 bis 13 Jahren oft auch größer als Jungen.

Ob Ungleichheiten zwischen Mädchen und Jungen mehr genetisch bedingt oder von der sozialen Umwelt beeinflusst sind, darüber gibt es seit Jahrzehnten erhebliche Differenzen in der Forschung. Und diese Unklarheit ist auch von Bedeutung, wenn es um den Vergleich schulischer Leistungen geht. Auffällig ist (gemäß Stellungnahme des Bundesjugendkuratoriums), dass mehr Mädchen früher eingeschult werden als Jungen, weniger Mädchen als Jungen eine Klasse wiederholen und mehr Mädchen als Jungen einen Schulabschluss und auch das Abitur schaffen. Aber es gibt keine nachgewiesenen Erklärungen dafür. Sind Mädchen wirklich schlauer als Jungen oder sind Jungen lediglich abgelenkter und nachlässiger in der Schulzeit? Darauf gibt es keine eindeutige Antwort. Untersuchungsergebnisse, dass viele der jungen Männer Schulabschlüsse nachholen, mehr Jungen als Mädchen bessere mathematische Fähigkeiten zeigen und häufiger als hochbegabt diagnostiziert werden, könnten zumindest dafür sprechen, dass Unterschiede schulischer Leistungen nicht eindeutig zu erklären sind.

Verhaltensunterschiede zwischen Jungen und Mädchen sind ungeachtet ihrer Ursachen von klein auf zu beobachten, zumindest in der Tendenz. Jungen sind häufiger unruhig, haben mehr Bewegungsdrang, wollen ihren Willen durchsetzen, raufen gerne und spielen lieber mit technischen Dingen wie Autos. Das Hormon Testosteron scheint bei den Jungen für energische Impulse zu sorgen. Von vier unruhigen Kindern sind statistisch drei Jungen und eins ein Mädchen. Mädchen sind dagegen oft ausgeglichener, vorsichtiger, spielen lieber mit Stofftieren und Puppen und üben sich damit früh in ihrer Sprache und ihren Gefühlen.

Da wir stets jedoch auch andere Mädchen und Jungen kennen, nämlich die wilden, lauten Mädchen und die ruhigen, sanften Jungen, sollten Eltern ihre Kinder in erster Linie so akzeptieren, wie sie sind. Es ist eine Tatsache, dass immer mehr Mädchen einfach Spaß haben, Fußball zu spielen und nicht jeder Junge gerne ein Raufbold ist.

Da emotionale Kompetenzen für Konfliktlösungen und Streitschlichtungen grundlegende Fähigkeiten sind, sollten Eltern auf eine Erziehung mit Aussagen wie „Indianerherz kennt keinen Schmerz" oder „Jungen weinen nicht" unbedingt verzichten. Dann haben auch Jungen bessere Möglichkeiten, ihre Lösungskompetenzen ohne Gewaltanwendung zu entwickeln.

Tipp: **Jenseits genetisch oder von der sozialen Umwelt bedingter Unterschiede zwischen Mädchen und Jungen ist es besonders wichtig, Mädchen und Jungen in ihrer individuellen Entwicklung und Einmaligkeit zu akzeptieren.**

Medien

Etliche Erkenntnisse über die Mediennutzung von Kindern und Jugendlichen liegen vor. Kinder, die viel fernsehen oder vor dem Computer sitzen, sind schlechter in der Schule als diejenigen, die das nicht tun. Computerspiele können ebenso süchtig machen wie Alkohol oder andere Drogen. Süchtige Computerspieler sind meistens Jungen, die auch sonstige Verhaltensprobleme haben. Computerspiele mit aggressiven Inhalten, sogenannte "Ballerspiele", verstärken aggressives Verhalten und machen Kinder und Jugendliche weniger sensibel gegenüber Gewaltanwendung. Das sind Befunde der Medienwirkungsforschung, die Eltern zu denken geben sollten.

Demnach ist es wohl allemal gesünder, wenn Kinder und Jugendliche statt Medien zu nutzen Sport treiben, auf Bäume klettern, im See schwimmen oder im Garten mit Freunden spielen. Aber die Mediennutzung von Kindern und Jugendlichen nimmt durchschnittlich zu, insbesondere was den Computer und das Internet betrifft. Der Fernsehkonsum bleibt mit einer hohen Menge konstant. Viele Eltern kennen, wie ihre Kinder in Computerspiele eintauchen und die reale Welt für sie langweilig wird, sie das Computerspiel nicht beenden können oder wollen. Ähnliche Phänomene mag es zwar auch beim Lesen von Büchern geben (oder müssen wir schon sagen: gegeben haben). Und dennoch kann das gerade dann für Eltern alarmierend sein, wenn zu bemerken ist, dass die sonstige Welt für Kinder in Mitleidenschaft gezogen wird, quasi grau, trostlos und eben langweilig zu werden scheint. Den besonderen Kick vermag offenbar nur noch das Computerspiel zu geben. Spätestens dann sollten sich Eltern um ihre Kinder kümmern.

Eine Maßnahme ist sicherlich eine klare Begrenzung des Medienkonsums der Kinder und Jugendlichen. Mindestens genau so wichtig ist, dass Eltern sich dafür interessieren, was ihr Kind da eigentlich macht, sei es am Computer oder auch vor dem Fernseher, und mit ihrem Kind darüber sprechen. Kinder und Jugendliche sind nicht selten alleine vor und mit den Medien. Diese Einsamkeit gilt es zu unterbrechen. Die Sorge und das Interesse des Vaters oder der Mutter, in welche Medienwelt das Kind oder der Jugendliche eintauchen, kann eine Brücke bauen in die anfassbare Welt der realen Menschen.

Nicht verschwiegen werden soll hier, dass es auch Computer-Lernprogramme gibt, die einen guten Nutzen haben können. Eine höhere Wirksamkeit solcher Lernprogramme gegenüber herkömmlichem Lernen, vermittelt von einem Menschen, konnte bisher jedoch nur für wenige Lernprogramme nachgewiesen werden.

Tipp: **Es ist sinnvoll, den Medienkonsum des Kindes zu begrenzen und vor allem: zu wissen, was das Kind am Computer oder vor dem Fernseher macht und mit dem Kind darüber zu sprechen, es damit nicht alleine zu lassen.**

Mein Körper

Vieles war, wenn wir nur ein oder zwei Generationen zurück denken, noch normal, was heute nicht mehr so ist: zum Beispiel das Küsschen für das Kind von der Tante oder wenn ein Bekannter dem Kind über das Haar streichelte. All das war in den meisten

Fällen nett gemeint und die Kinder, die das erlebten, fanden es auch nicht immer schlimm, vielleicht sogar manchmal nett. Allerdings wurde wohl auch nicht so sehr darauf geachtet, ob es dem Kind vielleicht unangenehm war, es sich weg drehte oder gar das Gesicht verzog, wenn es sich ein solch abweisendes Verhalten denn überhaupt trauen durfte. Denn das beschriebene Verhalten war noch eine andere Normalität als jene, die wir heute kennen.

Im Zuge der medialen Veröffentlichung einer zuvor für die meisten Menschen kaum vorstellbaren Häufigkeit von sexuellem Missbrauch an Kindern und von Pädophilie fand ein Wandel in unserer Gesellschaft statt. Kinder werden heute von aufgeklärten Eltern darin unterstützt, über ihren Körper selbst bestimmen zu dürfen, zum Ausdruck bringen zu dürfen, wenn ihnen etwas unangenehm oder eklig ist. Das kann der schmatzende Kuss der Tante sein, den das Kind nicht gerne mag. Dann ist es gut, wenn Eltern ihr Kind in seiner Abwehr gegenüber dem Kuss der Tante darin unterstützen, freundlich und vielleicht auch gemeinsam mit der Tante eine andere Form der Begrüßung zu finden. Das kann dann zum Beispiel eine Umarmung oder ein Händedruck sein. Kinder, die frühzeitig lernen, auf ihr Körpergefühl zu achten, und darin von ihren Eltern gestärkt werden, das auch zum Ausdruck bringen zu dürfen, lernen auf diese Weise, sich selbst besser zu behaupten. Am besten gelingt das den Kindern, wenn sie ganz grundsätzlich in ihrem Körpergefühl gestärkt werden, sie Grenzen wahrnehmen dürfen und Nein sagen dürfen. Das ist die Voraussetzung für seelische und körperliche Gesundheit. Es wäre nicht schlüssig für das Selbsterleben des Kindes, wenn es zwar ganz speziell den Kuss der Tante ablehnen dürfte, das Leberwurstbrot, das dem Kind nicht schmeckt und auf das es keinen Appetit hat, aber aufessen müsste. Auch der Geschmack einer bestimmten Zahnpasta kann einem Kind so unangenehm sein, dass es damit nicht gerne die Zähne putzen mag.

Zweifellos macht eine solche Aufmerksamkeit gegenüber den zum Ausdruck gebrachten Grenzen des Kindes die Erziehung in manchen Situationen schwieriger, aber der in den genannten Aspekten erhöhte Aufwand bringt einen erheblichen Nutzen für die geistig-seelische Entwicklung des Kindes mit sich, besonders für das Selbst-Bewusstsein, die Selbst-Sicherheit und die Gesundheit des Kindes. Nicht gemeint ist, dass Eltern damit auf Auseinandersetzungen mit dem Kind um das leibliche Wohl des Kindes verzichten sollen. Es ist lediglich in viel stärkerem Maße als früher gerade das von dem Kind empfundene leibliche Wohl zu berücksichtigen. Sämtliche körperlichen und seelischen Wahrnehmungen des Kindes, sein Geschmack, sein Gefühl, satt zu sein, sein Gefühl, wenn etwas unangenehm ist, sein Ekel, seine innere Abwehr sollten Eltern dabei ernst nehmen. Damit stärken Eltern ihr Kind in dem Gefühl "Mein Körper gehört mir!" und damit sein Selbst-Bewusstsein und seine Selbst-Sicherheit.

Tipp: **Kinder mit Selbst-Bewusstsein und Selbst-Sicherheit wissen auch: "Mein Körper gehört mir!" Aufgeklärte Eltern unterstützen sie darin.**

Mobbing

Etwa vier Prozent der Schulkinder, das sind umgerechnet 500.000 Schulkinder, werden einmal pro Woche gemobbt (gemäß einer Studie der Ludwig-Maximilians-Universität München). Fast jeder dritte Schüler an weiterführenden Schulen wurde schon mal von Mitschülern schikaniert. Körperliche Gewalt erlitt etwa jeder zehnte Schüler. Über ein Drittel der Kinder und Jugendlichen geben zu, selbst Mobbing-Täter zu sein. Jeder fünfte Junge hat dabei schon körperliche Gewalt eingesetzt (laut einer Studie der Leuphana Universität Lüneburg).

Mobbing (aus dem Englischen „to mob", das heißt anpöbeln, angreifen, über jemanden herfallen) ist Schikane, Intrige und Psychoterror und eine sehr ernstzunehmende Form der Gewaltanwendung. Es gibt verbale Mobbing-Formen wie zum Beispiel Lästern, Hänseln, Verhöhnen oder Drohen und physische Formen wie Bedrängen, Wegnehmen, Schubsen bis hin zu massiver körperlicher Gewalt. Mit den Neuen Medien kam das Internetmobbing oder Cyberbullying hinzu, bei dem Jugendliche bloßstellende Aufnahmen von anderen per Handy austauschen oder im Internet veröffentlichen.

Für die betroffenen Opfer ist Mobbing entwürdigend und extrem belastend. Gemobbte Schüler bekommen häufig Schulangst, ziehen sich zurück und leiden wesentlich häufiger als andere Kinder und Jugendliche unter erheblichen körperlichen Beschwerden wie Bauch-, Kopf- oder Rückenschmerzen und unter Schlafstörungen. Sie erleben sich selbst als ohnmächtig und ihre Situation zumeist als ausweglos.

Eltern von gemobbten Kindern sind oft lange Zeit ahnungslos, weil Kinder und Jugendliche Mobbing nicht selten aus Scham vor ihrer Umwelt verbergen. Manchmal setzen Täter sie auch mit Drohungen unter Druck, nichts davon weiter zu erzählen. Manche Eltern tragen mit vorschnellen, gut gemeinten Ratschlägen wie „Wehr' dich doch mal!" dazu bei, dass Kinder sich überfordert fühlen und sich dann noch mehr verschließen.

Wie nun kann wirksame Hilfe bei Mobbing aussehen? Der wichtige erste Schritt ist die Suche nach Verbündeten, die dem Mobbing-Opfer hilfreich zur Seite stehen können, nicht nur einmal, sondern über einen längeren Zeitraum. Vertrauen in den oder die Helfer ist dafür grundlegende Voraussetzung. Eltern, andere Verwandte, Lehrer, Psychologen, Sozialpädagogen oder Freunde kommen dafür beispielsweise in Frage. Die unterstützende Person sollte willens und in der Lage sein, die erlebte Mobbing-Belastung mitzutragen, ohne schnelle Ratschläge aus der Not heraus zu erteilen. Der zweite Schritt hat zwei Seiten. Auf der einen Seite kann für das gemobbte Kind oder den Jugendlichen beispielsweise im Rahmen einer Beratungsstelle ein Selbstbehauptungstraining mit Übungen in Selbstachtung und Selbstbehauptung hilfreich sein. Auf der anderen Seite sollten gleichzeitig die Mobbing-Bedingungen in der Schule analysiert und entsprechende Schritte daraus abgeleitet werden. Das kann zum Beispiel ein Streitschlichter-Programm sein oder Übungen in Zivilcourage, bei denen Schüler lernen einzugreifen und zu sagen „Lass den (oder die) in Ruhe!", wenn jemand angegriffen wird. Die Installierung eines Mobbingbeauftragten, der sich um präventive Schritte kümmert, kann dabei sehr nützlich sein. Eltern sollten auf solche Möglichkeiten hinweisen, wenn sie den Eindruck haben, dass Lehrer nicht in ausreichendem Maß auf Mobbing-Vorfälle in der Schule reagieren.

Tipp: **Kinder und Jugendliche, die von Mobbing betroffen sind, brauchen Verbündete, die ihnen zur Seite stehen. Die Stärkung des Betroffenen und die Analyse der Mobbing-Bedingungen sind gleichermaßen wichtig.**

Natur

Die Natur machen wir uns selbstverständlich zu eigen, indem wir zum Beispiel die Nahrung aus der Natur beziehen. Andererseits steht uns die Natur ungeheuerlich gegenüber, wie das bei einem Gewitter der Fall ist. Wie sehr wir Menschen ein Teil der Natur sind und von ihr geprägt sind, ist uns jedoch selten bewusst.

Kinder merken und spüren oft noch mehr als Erwachsene den Kontakt mit der Natur. Es ist gut, wenn sie das dürfen, denn nicht selten machen sie sich dabei schön dreckig, wenn sie mit Sand, Erde, Matsch, Steinen, Ästen und Pflanzen spielen oder auch mit Schnecken, Regenwürmern und Käfern. Die Natur bietet in ihren verschiedenen Formen viele Anregungen und Eindrücke für Kinder und es macht Spaß, mit den Elementen der Natur, mit Erde, Feuer, Wasser und Luft im Kontakt zu stehen beim Bauen, am Lagerfeuer, beim Schwimmen oder mit der Nase im Wind. Das Spielen in der Natur trainiert in besonderer Weise die Motorik der Kinder, denn in der Natur gibt es keine wirklich gerade Linie, so dass das Laufen über Stock und Stein und das Klettern ständig neue Herausforderungen darstellen. Die Natur bietet Kindern ganz natürlich gesunde Orientierung und Vorbilder. Sie gibt den Rhythmus an von Tag und Nacht, Licht und Schatten, Wachen und Schlafen, Werden und Vergehen, Blühen und Welken, Leben und Sterben. Wohl nirgendwo sonst lassen sich Abenteuer so schön und schaurig erleben wie in der Natur. Die Grenzen zu den Risiken und Gefahren in der Natur sind fließend, zum Beispiel dort, wo es Schluchten, Höhlen, reißende Flüsse oder vielleicht Bullen auf einer Weide gibt. Nicht nur dann ist es wichtig, dass Kinder im Umgang mit der Natur Achtsamkeit lernen, dass sie lernen, ihre

Fähigkeiten richtig einzuschätzen, Gefahren erkennen können, aber auch Rücksichtnahme auf die Natur lernen. Eine der Natur gegenüber wertschätzende Begleitung der Erlebnisse der Kinder durch Erwachsene ist von hohem Wert für die Entwicklung der Kinder und ihren zukünftigen Umgang mit der Natur. Damit verbunden ist dann auch die Chance, dass Kinder auf diese Weise einen bewussten Umgang mit den alltäglichen Nutzungen der Natur erlernen, dass sie somit auch wissen, was genau sie essen und trinken.

Tipp: **Kinder können (wie auch ihre Eltern) in vielfältiger Weise von der Natur lernen. Sie bietet Anregungen, Training und Vorbilder, aber auch Abenteuer und Gefahren.**

Neugier

Sicherlich können Kinder den Eltern manchmal ein Loch in den Bauch fragen, wie das Sprichwort so sagt. Manche Eltern sind dann genervt von der kindlichen Fragerei und sehen die Erziehungsaufgabe darin, ihrem Kind vermeintlich unnötiges Fragen abzugewöhnen. Wer so handelt, erkennt nicht den hohen Wert des Fragens von Kindern. Denn Kinder sind neu-gierig auf diese Welt. Sie wollen, insofern es ihnen eben keiner abgewöhnt, alles ganz genau wissen. Und das ist gut so. Sie wollen etwa wissen, wieso ein Igel Stacheln hat, warum sie manchmal durch ein Fenster durchsehen können und manchmal sich selbst darin sehen, wie weit der Mond und die Sterne von der Erde entfernt sind, ob es einen fliegenden Teppich wirklich gibt und wann Gott Geburtstag hat.

Das Problem vieler Eltern dabei ist, dass diese Kinder-Fragen sie an ihre Grenzen bringen. Es sind die elterlichen Grenzen des Wissens und der Gefühle, um die es hier geht. Die Grenze des Wissens ist, dass Eltern bei etlichen Kinder-Fragen eingestehen müssten, dass sie die Antwort nicht oder nicht so genau kennen. Die Grenzen der Gefühle sind schnell erreicht, wenn eigentlich im Tagesablauf des Kindes das Zähneputzen, das Ins-Bett-gehen oder der Schulbesuch an der Reihe ist, das Kind aber gerade wieder mal mit einer wichtigen Frage beschäftigt ist. Da kommt schnell mal bei den Eltern Ungeduld oder gar Ärger auf.

Wie also können Eltern damit umgehen, wenn sie auf diese Weisen an ihre Grenzen stoßen? Bei der Grenze des eigenen Wissens, die bei originellen Kinderfragen durchaus schnell erreicht sein kann, ist die wohl eleganteste Möglichkeit und Lösung, sich gemeinsam mit dem Kind auf den Weg nach Antworten zu machen. Dafür gibt es zum Beispiel Bücher oder auch das Internet. Es ist keine Schande, die Unwissenheit einzugestehen. Bereits Philosophen wie Sokrates, Platon und Popper hat das Verhältnis von Wissen und Nichtwissen beschäftigt. Wenn der Schritt getan ist, zu seiner Unwissenheit in manchen Fragen des Lebens zu stehen, bleiben noch die Gefühle, die zumeist genau zu den Zeitpunkten aufwallen, in denen der Druck des Alltagsablaufs und die Fragen der Erkenntnis des Kindes aufeinanderprallen. Wichtig in diesen Situationen ist, die kleinen Philosophen mit ihren Anliegen ernst zu nehmen. Je mehr Eltern sich im Umgang mit den Fragen des Kindes Gelassenheit und Wertschätzung aneignen, desto kreativer wird sich der Umgang mit diesen Situationen entwickeln. Da kann es dann zu äußerst spannenden Eltern-Kind-Dialogen beim Frühstück, auf dem Schulweg oder am Bett beim Gute Nacht-Sagen kommen. Und wenn Eltern in die Fragewelt der Kinder eintauchen und sich dafür Zeit nehmen, kann das dann auch noch richtig Spaß machen.

Tipp: In der kindlichen Neugier steckt das größte Lernpotential des Kindes. Eltern, die offen für die Neugier ihres Kindes sind, fördern ihr Kind auf diese Weise am besten und tun dabei auch etwas für den gemeinsamen Spaß.

Offene Wunden

Ein Kind, das sich das Knie bei einem Sturz aufgeschlagen hat, lernt schnell, dass es manchmal besser ist, wenn Luft an die Wunde kommen kann. Dann bildet sich um die Wunde ganz von selbst eine schützende Kruste, vorausgesetzt, es kommt kein Dreck an die Wunde. So ähnlich ist das auch mit seelischen Wunden. Sind sie für andere spürbar und sichtbar, zum Beispiel eine seelische Verletzung eines Kindes für die Eltern, dann besteht die Möglichkeit, dass die Eltern sich dem verletzten Kind zuwenden. So kann das verwundete Kind gut versorgt werden. Die seelische Blessur kann heilen.

Anders ist es, wenn das Kind sich offen und verletzt zeigt, aber damit nicht gesehen, erkannt oder ernst genommen und somit auch nicht umsorgt wird. Dann bildet sich bei dem Kind vermutlich eine besondere Verletzlichkeit heraus, so etwas wie eine offene und möglicherweise chronische Wunde, die aber nicht beachtet und nach außen vielleicht auch immer weniger deutlich sichtbar wird. Das Kind ist dann mit der seelischen Verwundung zunehmend allein. Erkennbar ist zuweilen lediglich eine besondere eigentümliche Verletzlichkeit, die aber häufig unerklärlich scheint. Ein solches Kind ist oft auch weniger greifbar und zieht sich leichter zurück als andere, ist merkwürdig verstimmt oder wirkt gleichgültig oder resigniert. Der Zusammenhang zur ursprünglichen seelischen Verletzung ist manchmal komplett verloren gegangen, wie verschüttet. Die Verschüttungen zeigen sich wie Maulwurfshügel auf einer Seelenwiese. Und keiner kommt auf die Idee, dass ein Maulwurf darunter ist, der verantwortlich ist für all das, was da immer aufgewühlt wird. Leichter lesbar wäre ein Buch mit einer aufgeschlagenen Buchseite, in der klar und deutlich steht, was passiert ist. Aber so ist das nicht mit den alten Wunden. Denn wenn einmal in frühen Zeiten Offenheit zu Verletzlichkeit geführt hat, wird Verschlossenheit zum Schutz. Eltern tun daher gut daran, ganz besonders in den frühen Lebensjahren des Kindes, aber natürlich auch später, gut auf das Kind zu achten, wenn es sich offen und verletzt zeigt, und ihm entsprechend Schutz und Sorge zu geben.

Tipp: **Offene seelische Wunden des Kindes heilen besser, vorausgesetzt, sie werden von den Eltern gesehen und versorgt.**

Pubertät

Kaum etwas ist schlimmer für Kinder und Jugendliche als das Gefühl, den Eltern gleichgültig zu sein. Diese Gefahr besteht in gewisser Weise in der Pubertät. Durch die Entwicklung der Geschlechtsreife etwa vom 10. bis zum 16. Lebensjahr entwickeln sich die körperlichen Bedingungen für das Erwachsensein. Seelisch hinken die Heranwachsenden meistens noch hinterher, ringen um Autonomie durch Abgrenzung von den Eltern, weshalb sie gerne extreme Gegenhaltungen zu den Eltern einnehmen. So spüren sie sich selbst, und die Gefühlswelten erleben sie in dieser Lebensphase zumeist als besonders intensiv, aber auch als brüchig. Kinder und Jugendliche sind während der Pubertät nicht mehr so sehr die lieben Kinder, die sie vielleicht zuvor waren. Sie sind eigentlich keine Kinder mehr, aber auch noch nicht wirklich Erwachsene. Das ist oft mit vielen Schwierigkeiten verbunden, sowohl für die Heranwachsenden als auch für die Eltern. Während Kinder und Jugendliche in der Pubertät sich im Dschungel der neuen, auch sexuellen Erfahrungen befinden, reagieren Eltern zuweilen aufgeregt, erschrocken oder auch gekränkt auf das vehementere Verhalten ihres Kindes.

Manche Eltern fühlen sich gar den eigenwilligen Anwandlungen ihres Kindes in der Pubertät ohnmächtig ausgeliefert, beginnen demgegenüber vielleicht sogar zu resignieren. Das ist eine fatale Variante, die weder den Eltern noch dem Kind gut tut, die aber manchmal gerade nach einer Phase intensivster und erschöpfender Auseinandersetzungen eintritt. Wenn Eltern keine Kraft mehr haben, kann es sein, dass Eltern mehr loslassen, als es angemessen ist gegenüber dem Kind oder Jugendlichen. Fühlte sich das Kind zuvor übermäßig kontrolliert und festgehalten, so erscheint es dann so, als ob es gleichgültig wäre, was es macht.

Das kann ein zutiefst hoffnungsloser Zustand für Kinder in dieser Entwicklungsphase sein, der mit der Gefahr verbunden ist, diesen durch auffälliges oder selbstgefährdendes Verhalten zu kompensieren.

Eltern sollten spätestens in einer solchen Phase etwas tun, um sich Stärkung zu holen, beispielsweise durch Erziehungsberatung in einer entsprechenden Beratungsstelle. Aber auch andere Maßnahmen der Selbststärkung können hilfreich sein. Kinder brauchen auch, vielleicht sogar gerade in der Pubertät als der Phase des Umbruchs, starke Eltern, die Kraft dafür benötigen, zwar einerseits ein Stück loszulassen gegenüber dem Kind oder Jugendlichen, aber andererseits weiterhin aufmerksam zu sein und auch Auseinandersetzungen mit dem Kind oder Jugendlichen nicht zu scheuen.

Tipp: **Die Kunst der Eltern während der Pubertät der Kinder ist, ein Stück loszulassen und dennoch weiterhin aufmerksam zu sein und auch die Auseinandersetzung mit dem Kind oder Jugendlichen nicht zu scheuen.**

Raum und Heim

Kinder brauchen für ein gesundes Aufwachsen Raum zur eigenen Entfaltung. Das ist sowohl konkret als auch im übertragenen Sinne symbolisch gemeint. Konkret benötigt ein Kind so bald wie möglich einen eigenen Raum, seinen eigenen Raum. Dieser Raum soll wirklich der Raum des Kindes sein. Das bedeutet, dass die wichtigen Sachen des Kindes darin Platz haben sollten: sein Bett, sein Schrank mit seiner Kleidung, seine Regalwände oder Aufbewahrungsboxen mit Spielzeug, Büchern, CDs, Fotos und anderen lieben Sachen, später sein Schreibtisch mit Schulsachen und kreativen Möglichkeiten. Die Sachen anderer gehören normalerweise nicht in den Raum des Kindes. Das Kind sollte beteiligt werden, diesen seinen Raum zu gestalten und einzurichten. Es ist wichtig, dass die Ordnung des Raumes, also dass alles seinen eigenen Platz hat, und die Sauberkeit des Raumes, also dass der Raum gepflegt wird, mit in der Verantwortung des Kindes liegen. Weder Kind noch Eltern sollten in dieser Angelegenheit alleinige Bestimmer sein, sondern die Gestaltung kann besprochen und verhandelt werden.

Mit zunehmendem Alter des Kindes oder des Jugendlichen geht die Gestaltung des Raumes normalerweise mehr und mehr in die Verantwortung des Kindes oder Jugendlichen über. Grenzen dieses Aspektes gibt es sicherlich dort, wo Gefährdungen oder Beeinträchtigungen in irgendeiner Form vorliegen. Gerade eigene Gestaltungen durch das Kind oder den Jugendlichen machen den Raum zum eigenen Raum. Das kann durch Farbe, eigene Bilder oder andere kreative Momente gelingen. Eltern sollten den Raum als Raum des Kindes oder Jugendlichen respektieren und das auch bei ihren Alltagshandlungen berücksichtigen.

Eine solche Betrachtungsweise des Raumes ermöglicht, dass das Kind sich selbst gut entwickeln kann und auch immer wieder Rückzugsmöglichkeiten in seinen eigenen Raum hat, um im wahren Sinne des Wortes zu sich selbst zu finden, das heißt, seine Persönlichkeit zu entwickeln.

Idealerweise ist der eigene Raum des Kindes oder des Jugendlichen integriert in ein Zuhause, ein Heim, in dem das Kind sich wohlfühlen kann durch die Achtsamkeit und Sorge der Eltern. Im positiven Sinne ist sehnsüchtiges Heim-Weh dann später das, was bei der Ablösung melancholisch auf ein Heim zurückblicken lässt, das im Innern genügend eigenen Raum zur Verfügung gestellt hat, um den Entwicklungsschritt des Hinausgehens in die Welt gut zu bewältigen.

Tipp: **Kinder brauchen (einen) eigenen Raum und ein Heim, in dem sie sich zuhause fühlen können.**

Resonanz und Rückmeldungen

"Guck' mal, Mama! Guck' mal, Papa!" sind typische Sätze von Kindern. Die Eltern sollen sehen, was die Kinder machen, was sie lernen, was sie können. Die Kinder möchten gesehen werden, am besten mit dem Funkeln in den Augen der Eltern in deren strahlenden Gesichtern. Kinder brauchen die Resonanz ihrer Eltern. Wenn Kinder spüren, dass die Eltern erkennen, was sie selbst gerade im Fundus ihrer Möglichkeiten und Fähigkeiten entdecken, können die Kinder stolz darauf sein. Daraus speist sich ihr wachsendes Selbst-Vertrauen und Selbst-Bewusstsein.

Es gibt natürlich auch Verhalten von Kindern, das nicht so erwünscht ist, weil es zum Schaden von anderen ist, zum Beispiel ein Geschwisterkind verletzen könnte oder ein Haustier vernachlässigt oder die Eltern gerade bei einer wichtigen Arbeit stört. Auch darüber benötigen Kinder selbstverständlich Rückmeldungen, damit sie ihr Verhalten korrigieren können und sich darüber bewusst werden können, was sie mit ihrem Verhalten auslösen. Aus den Rückmeldungen der Eltern können sie lernen, zum Beispiel Rücksicht zu nehmen und achtsam zu sein. Sich so konkret wie möglich auf das Verhalten des Kindes zu beziehen und nicht die Person oder Persönlichkeit des Kindes als Ganzes abzuwerten, ist dabei wichtig. Sprechen Eltern ihr Kind an sich als ganze Person negativ an, geht das wohl stets zu Lasten von Selbst-Sicherheit und Selbst-Bewusstsein des Kindes, das sich durch die negative Gesamtbewertung durch Vater oder Mutter verständlicherweise erniedrigt und damit schlecht fühlt. Auch die Eltern-Kind-Beziehung wird dadurch belastet und das Vertrauensverhältnis zwischen Eltern und Kind beeinträchtigt. Das lässt sich durch die Besinnung auf das konkrete Verhalten des Kindes leicht vermeiden.

Tipp: **Kinder brauchen Resonanz und konkrete Rückmeldungen zu ihrem Verhalten, nicht zu ihrer Person oder Persönlichkeit.**

Respekt vor Kindern und von Kindern

Respekt vor Kindern ist nicht selbstverständlich und Respekt von Kindern ist es wohl auch nicht mehr. Respekt ist eine mühevolle Angelegenheit. Und dennoch ist Respekt die Grundlage für ein gutes Miteinander, das von Wertschätzung getragen ist. Eine Gesetzesänderung und eine bundesweite Kampagne waren nötig, um den Respekt vor Kindern einzufordern, weil es um diesen Respekt offenbar schlecht bestellt war und ist. Dabei wissen wir doch, dass die Erwachsenen die Vorbilder für die Kinder sind. Wie soll denn ein Kind respektvolles, behutsames, rücksichtsvolles, einfühlsames, achtsames Verhalten lernen, wenn es selbst nicht so behandelt wird? Noch immer gibt es Gewalt in Familien, zumeist gerade in den Familien, in denen respektvolle Konfliktklärungen nicht gelernt wurden. Bekannt ist, dass Kinder und Jugendliche, die ohne Respekt und mit Gewalt in der Erziehung aufwachsen, diese Respektlosigkeit mehr als andere weitergeben und eher selbst Gewalt anwenden. Gewalterfahrungen können zu Störungen der Entwicklung und zu Verhaltensauffälligkeiten führen. Körperliche Misshandlung wie "Ohrfeigen" oder eine "Tracht Prügel" sind entwürdigend für Kinder und Jugendliche und untergraben das Selbstbewusstsein der Heranwachsenden. Wirkliche Stärke zeigen Familien, die gewaltfreie Konfliktlösungen einüben. Das geht nur durch Gespräche, in denen jeder gehört wird, aussprechen darf und keine Angst vor Gewalt haben muss. Das "Gesetz zur Ächtung der Gewalt in der Erziehung" stellt klar: "Kinder haben ein Recht auf gewaltfreie Erziehung. Körperliche Bestrafungen, seelische Verletzungen und andere entwürdigende Maßnahmen sind unzulässig."

Beklagt wird andererseits zunehmend, dass Kinder und Jugendliche respektloser gegenüber Erwachsenen geworden seien. Das geschieht einerseits dann eher, wenn Kindern und Jugendlichen kein Respekt vorgelebt wird, andererseits bei Vernachlässigung und resignierter Erziehungshaltung. Wenn Kinder und Jugendliche ernst genommen werden, Eltern sich Zeit nehmen für ihre Kinder, die Auseinandersetzung mit ihnen suchen und weitgehend authentische und konsequente Vorbilder für sie sind, können sich Eltern damit auch den nötigen Respekt der Kinder erwerben. Auch Eltern müssen sich manchmal weiterentwickeln, um die nötige innere Stärke für eine gewaltfreie, respektvolle Erziehung aufzubringen.

Tipp: Kinder haben ein Recht auf eine gewaltfreie, respektvolle Erziehung. Und Eltern können sich den Respekt der Kinder durch eine authentische und konsequente Haltung erwerben.

Ringen um den Kontakt

Der Kontakt zum Kind ist nicht immer selbstverständlich und nicht in schöner Regelmäßigkeit vorhanden. Aber es lohnt sich, um diesen Kontakt zu ringen oder sogar zu kämpfen. Gerade bei Kleinkindern sind die Zeiten der Anwesenheit und Abwesenheit von Eltern von erheblichem Einfluss auf die Art des Kontaktes zur Mutter oder zum Vater. Mehrstündige Tagesabwesenheiten zum Beispiel durch Arbeit können bereits Wirkungen auf die Kontaktintensität zum Kind haben. Auch kann, von Kind zu Kind allerdings recht unterschiedlich, ein Kind Phasen eines bevorzugten Elternteils haben. In solchen Phasen reagieren manche Mütter oder Väter gekränkt auf die Art des Kindes, ziehen sich manchmal sogar aus dem Kontakt zurück und bewirken damit dann gerade dadurch Kontaktstörungen zum Kind, die ohne diese Rückzugsreaktion so gar nicht entstanden wären.

Ein Beispiel: Ein Vater, der viel wegen seiner Arbeit außer Haus ist, freut sich zwar auf das Kind, wenn er nach Hause kommt, reagiert aber zunehmend gekränkt auf den innigen Mutter-Kind-Kontakt. Da das Kind, auch wenn er zu Hause ist, viel mehr auf die Mutter orientiert ist, zieht er sich mehr und mehr aus dem Familienleben zurück.

Die erwachsene Verhaltensweise, die mit Liebe zum Kind verbunden ist, bedeutet, am Kontakt zum Kind immer wieder interessiert zu sein, auch wenn der Kontakt mal nicht so geradlinig verläuft. Ein beständiges Ringen um den Kontakt mit dem Kind auch in wechselhaften Zeiten wird in der Regel zu einem konstanten Kontakt nach dem Kleinkindalter führen. Ein Kind spürt es, wenn eine Mutter oder ein Vater für es da ist, sich an seiner Person und Entwicklung interessiert zeigt, auch dann, wenn alles mal ein bisschen schwieriger ist. Das merkt sich das Kind und bildet Vertrauen in die Bezugsperson.

Tipp: **Es lohnt sich, gerade auch in den ersten Lebensjahren des Kindes, um den Kontakt zum Kind zu ringen, um damit die Grundlage der Vertrauensbeziehung zwischen Kind und Eltern zu bilden.**

Ruhe bewahren

In einer hektischer werdenden Zeit sind Unruhe und Ungeduld allgegenwärtig. Die Zapper, die Surfer und die Drängler finden keine Ruhe in der Flut von Bildern und Tönen, in den Schlangen der Warenhäuser und Straßen. Ständige Handy-Erreichbarkeit verhindert das Abschalten. Die Vielfalt der Möglichkeiten und Erwartungen treibt weiter voran. Nicht zufällig ist das Gegenwort der Jugendkultur das „Chillen", was soviel heißt wie sich beruhigen, entspannen und abkühlen. Das ist nötig in Anbetracht der allgegenwärtigen Unruhe.

Auch Eltern sind keine Wesen außerhalb dieser Welt des Stresses. Im Gegenteil, in der Welt mit Kindern gibt es selbstverständlich noch den einen oder anderen Termin sowie etliche Telefonate mehr, um allen Anforderungen gerecht zu werden. Einmal vom Zeitgeist und den damit verbundenen Gegebenheiten erfasst, ist es nicht so leicht, diesen Fluten des Stresses zu entkommen und pünktlich zum Kontakt mit den Kindern ganz entspannt die Ruhe und die Geduld zu bewahren. Manchen mag das gelingen. Für diese Eltern sind die Kontakte mit den Kindern ein bisschen wie der zeitweise Ausstieg aus dem Ernst des Lebens. Dann beginnen sie sich zu entspannen, spielen und reden mit dem Kind (oder den Kindern), machen Spaß und sind einfach für das Kind da. Aber oft genug müssen Eltern selber erst mal abschalten, wenn sie zum Beispiel von der Arbeit nach Hause kommen. Dann sind sie noch gestresst, gereizt, eben unruhig und dabei zumeist auch ungeduldig. Es muss ja noch so viel erledigt werden. Zu den allgemeinen alltäglichen Anforderungen kommen dann auch noch die Kinder, die irgendetwas wollen, benötigen, fordern, zumindest die Aufmerksamkeit der Eltern, denn das ist es, was Kinder von ihren Eltern brauchen. Da ist die Gefahr gerade bei denjenigen Eltern groß, die im Grunde schlecht für sich selber sorgen können und sich daher auch nicht so gut zwischendurch entspannen können, sich ihrem Kind gegenüber nervös oder überzogen zu verhalten. Eltern reagieren anstatt mit entspannter Zeit, Ruhe und Geduld dann nicht selten sogar mit Anforderungen, Maßregelungen oder Sanktionen. Umso mehr sie selbst angespannt sind, desto eher wird der Kontakt zu ihrem Kind in dieser Situation misslingen.

Des Rätsels Lösung ist für Eltern, wie so oft, bei sich selbst anzufangen und sich selbst darin zu üben, Ruhe und Geduld zu bewahren. Das fängt dabei an, sich den Stress erzeugenden Lebensbedingungen gegenüber bewusster zu verhalten und öfter mal abzuschalten, auch Handy, TV und PC. Und das geht damit weiter, besser für die eigene Entspannung im Alltag zu sorgen, zum Beispiel durch Ruhephasen und körperliche Bewegung. Denn Kinder sind keine Automaten oder Roboter wie die uns fordernde Technik um uns herum, sondern Kinder brauchen möglichst entspannte Eltern, die ihnen Aufmerksamkeit schenken können.

Tipp: **Eltern sollten sich in Ruhe und Geduld üben, denn Kinder sind (wie auch Eltern) keine Automaten oder Roboter, sondern brauchen entspannte Aufmerksamkeit.**

Sauberkeit

Kinder haben Spaß daran, sich auch mal schmutzig zu machen. Das hat damit zu tun, dass so elementare Dinge des Lebens und der Natur wie Erde und Wasser besonders in seinen Mischformen Kindern besonders viel Spaß machen: mit Erde, Matsch und nassem Sand können Kinder wunderbar bauen, in Regenpfützen toll stapfen und spritzen. Auch saftig grünes Gras oder bunte Farben beispielsweise von Beeren hinterlassen ebenso leicht ihre Spuren auf der Kleidung der Kinder. Wenn Eltern all das als Ausdruck der Lebensfreude ihres Kindes verstehen, werden sie die dadurch entstehende Mehrarbeit bei der Wäsche leichter in Kauf nehmen.

Manche Eltern haben Sorge davor, dass Kinder, die mit Schmutz in Berührung kommen und damit eventuell auch mit Krankheitserregern, davon krank werden könnten. Erwiesen ist gerade das Gegenteil: Kinder, die viel draußen in der Natur spielen und dabei auch mit einer Vielzahl von Erregern in Berührung kommen, aktivieren dadurch ihr eigenes Immunsystem, stärken ihre Abwehrkraft und sind damit in der Regel gesünder als andere Kinder. Zudem bilden Kinder, die viel draußen in der Natur spielen, erheblich besser ihre sensorischen und motorischen Fähigkeiten aus. Bewegung auf natürlichem, unebenem Gelände, Klettern auf Bäumen, Graben im Sand oder in der Erde fordern alle Sinne und Muskeln des Kindes und fördern auf diese Weise seine Gesundheit. Ermahnungen für Kinder, sich nicht schmutzig machen zu dürfen, sind in diesem Sinne nicht nur Spaßverderber für das Kind, sondern beeinträchtigen ihre gesunde Entwicklung.

Eine gesundheitliche Beeinträchtigung kann auch durch zu häufiges Baden gegeben sein. Einmal wöchentliches Baden ist gesünder für das Immunsystem der Haut als ein tägliches Bad. Natürlich sollte sich ein Kind jeden Tag waschen und morgens und abends die Zähne gründlich putzen.

Tipp: **Ein Kind, das Spaß am Leben hat, macht sich gerne mal schmutzig. Übertriebene Reinlichkeit führt nicht zu mehr, sondern zu weniger Gesundheit.**

Selbst entscheiden und gestalten: zwei Möglichkeiten

Eltern machen es sich in der Erziehung oft unnötig schwer. In der guten Absicht, das Beste für ihr Kind zu wollen, streben sie die vermeintlich beste Lösung für ihr Kind an. Dabei geraten sie dann leicht in eine kämpferische Auseinandersetzung mit ihrem Kind, da ein Konflikt zwischen dem Willen des Kindes und dem Willen der Mutter oder des Vaters entsteht.

Ein Kind merkt schnell, was Eltern wollen und dass es nicht das ist, was es selbst will. Erwachsene sind in der mächtigeren Position aufgrund einer Vielzahl von Faktoren: Größe, Kraft, Erfahrung, Geld usw. Das Kind hat aber ein gesundes Streben, eigene Wege zu gehen und damit Autonomie und Ich-Stärke zu entwickeln. Auch ist es nützlich für das Kind im weiteren Verlauf seines Lebens, sich selbst und seine eigenen Gefühle, Wünsche und Bedürfnisse wahrzunehmen. Das ist sogar sehr zentral für eine gute seelische Entwicklung und Gesundheit.

Was also tun, um sowohl den gesunden kindlichen Bedürfnissen einerseits und den Absichten der Eltern andererseits gerecht zu werden?
Das ist gar nicht so schwer, wie es zunächst den Anschein hat und doch für viele Eltern sehr ungewöhnlich.
Eltern können ihrem Kind im Rahmen der Möglichkeiten, Grenzen und des eigenen Erlaubnisspielraumes zwei Alternativen zur Auswahl anbieten, aus denen es sich frei eine Möglichkeit auswählen darf. Das erfordert von den Eltern lediglich einige Kreativität, ändert die psychische Situation für das Kind aber grundlegend. Es fühlt sich nicht von den Eltern bestimmt, sondern darf zwischen zwei Möglichkeiten entscheiden. Es darf gestalten. Und es ist gedanklich sofort mit der Abwägung dieser zwei Möglichkeiten beschäftigt. In der Regel wird es sich diese unverhoffte Entscheidungsmöglichkeit nicht mehr nehmen lassen und für eine Möglichkeit davon entscheiden. Und die Eltern haben in kürzester Zeit gemeinsam mit ihrem Kind vieles gleichzeitig erreicht: eine stressfreie Problem- bzw. Konfliktlösung, ein meistens entspanntes, oft sogar stolzes Kind aufgrund der eigenen Gestaltung, das eine neue Portion Selbstbewusstsein getankt hat und nicht zuletzt zufriedene und auch entspannte Eltern.

Ein Beispiel: Die Eltern sind der Ansicht, dass trotz des schlechten Wetters noch frische Luft für die Familie wichtig ist, das Kind hat wenig Lust rauszugehen. Dann können die Eltern dem Kind beispielsweise die Wahl zwischen einer kleinen Fahrradtour oder einem sportlichen Spiel im Garten oder im Park anbieten.

Tipp: **Eltern können ihrem Kind im Rahmen der Möglichkeiten, Grenzen und des eigenen Erlaubnisspielraumes zwei Alternativen zur Auswahl anbieten, aus denen es sich frei eine Möglichkeit auswählen darf.**

Selbst-bewusst-sein

Natürlich ist es wunderbar, etwas gut zu können, Fähigkeiten zu haben oder einfach nur stark zu sein mit Muskelkraft. Ein Kind strebt zumeist nach solchen Stärken und träumt davon, zum Beispiel mal eine Sängerin oder ein Fußballspieler (oder auch ein Sänger oder eine Fußballspielerin) zu werden. Das sind schöne Ziele, für die es sich lohnt, sich anzustrengen, zu üben und zu trainieren. Denn Ziele treiben voran und sind somit der Treibstoff des Ehrgeizes. Kinder haben noch ihre ganz altersgemäßen Größenphantasien, dass mal etwas Großartiges aus ihnen wird. Was bei Kindern in dieser Hinsicht noch angemessen ist, wäre bei einem Erwachsenen jedoch schon merkwürdig. Wenn die Achtjährige ein Lied trällert und erzählt, dass sie mal Sängerin werden möchte, ist es vermutlich bezaubernd und nett. Sollte eine 30-jährige, die nur halbwegs gut singen kann, noch von einer Gesangskarriere träumen, würden wir uns zumindest wundern.

Was ist der Unterschied? Der Unterschied hat mit dem Selbstbewusstsein (im Wortsinn: Selbst-bewusst-sein) zu tun. In der Entwicklung vom Kind zum Erwachsenen bilden wir unser Selbstbewusstsein. Durch die liebevolle Begleitung der Eltern und deren lobende, aber auch realistische Rückmeldungen lernt das Kind und die (und der) Jugendliche sich selbst immer besser kennen und lernt dabei auch seine Stärken und Schwächen genauer kennen. Das erworbene Selbstbewusstsein bedeutet nicht einen hohen Selbst-Wert an sich, sondern eine realistische Selbsteinschätzung, die jedoch Selbstsicherheit und Selbstvertrauen mit sich bringt. Denn nur wer sich selbst gut kennt und sich selbst richtig einschätzen kann, kann sich selbst sicher sein, sich selbst vertrauen und verirrt sich so nicht im Leben. Zumeist wirkt eine angemessene Selbsteinschätzung auch auf andere sympathischer als eine Selbstüberschätzung. Die positive Resonanz von anderen kann dann gemeinsam mit dem Selbstbewusstsein zu einer guten Selbstachtung führen.

Tipp: **Was wirkliches Selbst-bewusst-sein ausmacht, ist (im Wortsinn) sich seiner selbst bewusst zu sein. Sich selbst gut zu kennen und einschätzen zu können, ist eine sehr nützliche Stärke.**

Sexualität

Bei kaum einem anderen Thema sind viele Eltern so unsicher wie bei der Sexualität und der sexuellen Entwicklung der Kinder und Jugendlichen. Das muss nicht schlecht sein, denn dadurch sind Eltern ihren Kindern gegenüber zurückhaltender als bei anderen Themen. Die natürliche Scheu, die mit dem Thema Sexualität verbunden ist, ist gut, um alles, was mit der sexuellen Entwicklung zu tun hat, langsam, behutsam und respektvoll anzugehen. Nicht gut ist es, wenn Grenzen überschritten werden, wenn jemand noch gar nicht so weit ist, jemand gedrängt wird, etwas zu tun, was sie oder er gar nicht möchte. Diesen grundsätzlichen Gedanken können Eltern ihren heranwachsenden Kindern vermitteln, damit diese in der Lage sind, in dieser Hinsicht gut auf sich selbst aufzupassen. Das eigene Tempo und die Selbststeuerung der Kinder und Jugendlichen sind für die Sexualität maßgeblich. Wenn erste sexuelle Erfahrungen im Jugendalter mit Unfreiwilligkeit verbundene Erfahrungen sind, kann das für lange Zeit traumatisierend sein und die sexuelle Erlebnisfähigkeit in hohem Maße beeinträchtigen. Deshalb ist genauso wichtig wie eine sexuelle Aufklärung über Körperlichkeiten und Verhütungsmethoden die erlernte Haltung der Freiwilligkeit und damit verbunden das Recht auf Abgrenzung, das heißt, Nein sagen und über sich selbst bestimmen zu dürfen. Wer mit diesen Maximen aufwächst, kann auch der Konkurrenz unter Jugendlichen besser widerstehen, wonach möglichst frühe sexuelle Erfahrungen Jugendliche vermeintlich besser positioniert auf dem Markt der Eitelkeiten, jedoch auf Kosten angemessener sexueller Erfahrungen.

Ein nicht zu unterschätzendes Problem für die sexuelle Entwicklung stellen zudem die vermarkteten Erotik- und Porno-Industrie-Filme dar, die hauptsächlich von männlichen Konsumenten angesehen werden, auch bereits in jüngerem Alter. Das zentrale Thema dabei ist, dass Sexualität darin überwiegend so dargestellt wird, wie sie idealerweise nicht sein sollte, nämlich mechanisch und seelenlos. Insbesondere die weibliche Sexualität wird zumeist in entwürdigender und unrealistischer Weise gezeigt. Derart präsentierte Sexualität kann über lange Zeit eine erbärmliche Prägung auf das Sexualverhalten junger Männer und Frauen haben – und das ist sehr schade für ein so wichtiges Thema wie die Sexualität.

Tipp: **Die natürliche Scheu, die mit dem Thema Sexualität verbunden ist, ist gut, um alles, was mit der sexuellen Entwicklung zu tun hat, langsam, behutsam und respektvoll anzugehen. Das eigene Tempo und die Selbststeuerung der Kinder und Jugendlichen sind für die Sexualität maßgeblich.**

Singen und musizieren

Die Zeiten ändern sich. Das ist eine Binsenweisheit. Bei diesem Thema fällt die Veränderung besonders auf. Noch vor wenigen Jahrzehnten haben Familien mangels der Medien-Präsenz heutiger Zeit viel häufiger gemeinsam gesungen und musiziert. Wenn Großeltern erzählen, erfahren wir noch manchmal davon. Und in alten Filmen ist das gut zu beobachten. Volkslieder und auch Wanderlieder für die Wege draußen waren Allgemeingut, das fast jeder kannte. Auch gesungene Gute Nacht-Lieder für Kinder waren eine Selbstverständlichkeit. Heute sind sie eine Rarität. In manchen Familien gibt es stattdessen eine Gute Nacht-CD. Die genannten Liederarten haben ihren Bekanntheitsgrad weitgehend verloren.

Da die Faszination des Singens und auch des Musizierens jedoch nach wie vor in den Menschen schlummert, bahnen sich diese Bedürfnisse wohl neue Wege und kombinieren sich mit neuen Zeitgeist-Aspekten des Medien-Zeitalters. Die in sämtlichen Medien vielfach präsentierten Stars der Pop-Musik bilden die Idole ab, denen Kinder und Jugendliche in Gesang, Musik und auch Aussehen nacheifern können. Aber erst die grassierenden Talente-Shows auf vielen Kanälen suggerieren Kindern und Jugendlichen und nicht selten auch ihren Eltern die allgegenwärtige Möglichkeit, dass eine Karriere als Sängerin oder Musiker unmittelbar bevorstehen könnte. Der gute Effekt davon ist, dass auch Kinder und Jugendliche wieder viel mehr singen als noch zuvor. Der eher zweifelhafte Effekt davon ist, dass die Kinder- und Jugendwelt voller Möchtegern-Stars ist, von denen die meisten viel weiter davon entfernt sind, als sie annehmen. Das führt zuweilen dazu, dass sich andere über deren Ambitionen amüsieren, was zuweilen auch den Charakter von Mobbing unter Jugendlichen und jungen Erwachsenen annimmt. Es ist schön, wenn Eltern gemeinsam mit ihren Kindern entdecken, wie viel Spaß es macht zu singen und zu musizieren und welche entspannende Wirkung damit verbunden ist. Der positive gesundheitliche Effekt des Singens und Musizierens ist zweifellos vorhanden. Die Förderung eines Kindes darin, Gesangsunterricht zu nehmen oder ein Musikinstrument lernen zu können, sollten Eltern stets so gestalten, dass der Spaß an der Musik im Vordergrund steht.

Tipp: **Gemeinsam mit Kindern singen und musizieren macht Spaß, entspannt und ist gesund.**

Sinn-volle Erziehung

Ein Kind fragt, warum die Sonne scheint. Ein zweites will wissen, was es bedeutet, wenn Eltern sich scheiden lassen. Und ein drittes fragt, was passiert, wenn ein Mensch stirbt. Kinder wollen so viel wissen. Vieles davon hat mit Bedeutungen zu tun, mit den Fragen, warum etwas so ist, wie es ist, mit Fragen nach dem Sinn von Ereignissen und Vorgängen. Kinder sind voller Interesse und Neugier. Nahezu alles, was mit dem Leben und der Welt zu tun hat, wollen sie wissen. Sie wollen alles verstehen. Es ist schade, wenn ein Kind dann – und das passiert leider gar nicht so selten – als Antwort zu hören bekommt: "Frag' nicht so viel!" Oder Kinder werden für ihre kindlichen Fragen nur belächelt, erhalten aber keine Antwort.

Zweifellos sind viele Fragen von Kindern gar nicht so leicht zu beantworten. Kinder fordern ihre Eltern in wichtigen Fragen des Lebens. Nicht selten sind das Fragen und Themen, mit denen sich die Mutter oder der Vater noch gar nicht so sehr beschäftigt haben. Eltern sind da dann nicht nur mit ihrem eigenen Wissen gefordert, sondern auch in ihrer Authentizität, in ihrer Ehrlichkeit und Wahrhaftigkeit. Eine wunderbare Möglichkeit ist es, sich gemeinsam mit dem Kind auf die Suche zu machen, die Frage zu beantworten. Voraussetzung dafür ist, das Kind mit seiner Frage ernst zu nehmen und dem Kind mit seinem wichtigen Anliegen Zeit einzuräumen. Und dann kann der Erwachsene gemeinsam mit dem Kind in Fachbüchern, in Lexika, in Kinderbüchern oder im Internet nachsehen und nach Antworten suchen. Kinder werden den Eltern dankbar dafür sein, wenn sie mit ihren Fragen nicht alleine gelassen, sondern von den Eltern dabei begleitet werden. Und sie werden neugierig und sinnbegierig bleiben, weil sie merken, dass es sich lohnt, den Dingen auf den Grund zu gehen und sie verstehen zu wollen.

Eine Besonderheit ist, wenn Kinder entdecken, dass nicht nur das Leben, sondern auch unsere Sprache voller versteckter Bedeutungen ist, dass sie oft sinn-voll ist, so dass zum Beispiel der Wortschatz wirklich ein Schatz ist.

Und was ist, wenn ein Kind gerade mal wieder so eine bedeutsame Frage hat, der Vater aber gerade kocht und die Mutter ein spannendes Fußballspiel sieht? Dann sollten die Eltern ihre sinnvolle Merkfähigkeit trainieren und so bald wie möglich auf ihr Kind zugehen und die sinn-volle Zeit nachholen. Es wäre sonst schade um eine solche kostbare Frage.

Tipp: **Kinder fragen nach den Bedeutungen, nach dem Warum und nach dem Sinn. Eltern sollten die Kinder mit ihren Fragen ernst nehmen.**

Sorge

Im Sorgerecht für ein Kind steckt viel drin, viel Recht und viel Sorge. Ein Kind zu haben und es zu lieben, bedeutet, sich um das Kind zu sorgen und für das Kind zu sorgen. Es ist normal, dass Eltern sich Sorgen machen, wenn ein Kind krank ist, und dann dafür sorgen, dass es wieder gesund werden kann. Falls Eltern nicht in diesem Sinne für ein Kind sorgen, verletzen sie das Sorgerecht und können das Sorgerecht auch verlieren.

Die Sorge um ein Kind ist sehr umfassend. Sie bezieht sich auf die Gesundheit, die Ernährung, die Kleidung, das Glück, die Entwicklung, die Kontakte des Kindes und vieles mehr. Sorge bedeutet, in vielen Aspekten für das Kind da zu sein, auf es zu achten. Und ein Kind spürt natürlich, ob es umsorgt wird oder nicht. Und es wird traurig sein, falls es spürt, dass es nicht umsorgt wird. Vielleicht entwickelt es bei einem Mangel an erlebter Sorge andere Fähigkeiten, zum Beispiel Zähigkeit oder Kampfkraft. Ein Stück vom Glück geht jedoch zumindest zunächst verloren, wenn ein Mangel an Sorge vorliegt.

Nicht selten ist die Sorge um ein Kind auch eng verknüpft mit Erwartungen an das Kind, zum Beispiel wenn Eltern ein bestimmtes Verhalten erwarten. Auch das spürt ein Kind in der Regel. Manchmal ist die Verknüpfung mit der Erwartung daran zu merken, dass bei Eltern der Ärger oder die Wut überwiegt, wenn ein Kind Anlass zur Sorge gibt, zum Beispiel bei zu spätem Nachhausekommen. Es gibt aber auch Situationen, in denen der Ärger in der Aufregung die Sorge zunächst nur überdeckt und darunter die tiefe Sorge der Eltern versteckt ist, die dann auch noch zum Vorschein kommt. Wichtig ist, dass Kinder die manchmal versteckte Sorge der Eltern entdecken, damit sie sicher sein können, dass sie ihren Eltern nicht gleichgültig sind und auch nicht nur eine Zielscheibe für Ärger und Wut der Eltern darstellen. Die Sorge der Eltern ist wie ein Schutzschirm für die Kinder. Sie ist überlebensnotwendig.

Die Sorge der Eltern findet ihre natürlichen Grenzen dort, wo dem Kind genügend Spielraum für eigene Lebenserfahrungen gelassen wird, um Autonomie und Selbstbewusstsein zu erlangen. Die Gewährung von entsprechendem Freiraum und die Sorge schließen einander nicht aus, sondern sind eher wie die zwei Seiten einer Medaille, nämlich der Liebe der Eltern zum Kind.

Tipp: **Die Sorge der Eltern um ein Kind und für ein Kind ist existentiell für das Kind. Eltern sollten sich nicht scheuen, dem Kind etwas von der Sorge zu zeigen.**

Spielen

Spätestens mit der Schulzeit beginnt für Kinder der Ernst des Lebens. Für manche Kinder auch schon früher, denn es gibt nicht wenige Eltern, die ihr Kind von Termin zu Termin fahren, um es früh und umfassend zu fördern. Klavier, Ballett oder Fremdsprachen für Vorschulkinder sind da nur ein kleiner Auszug aus dem möglichen Angebot. Und viele Eltern merken mehr oder weniger bewusst, dass mit diesen Anforderungen an das Kind zeitgleich manchmal auch gesundheitliche Probleme ihres Kindes ihren Ursprung haben. Lange Zeiten des Sitzens und der Anspannung, Ängste, Konkurrenz und Neid, hohe Ansprüche und Leistungserwartungen, Hänseln, Mobbing und andere Sorgen machen dem Kind zu schaffen. Jedes Kind reagiert anders, hat seine eigene körperliche Schwachstelle. Bauchschmerzen, Kopfschmerzen oder Migräne, Rückenbeschwerden, Albträume, Tics und ADHS oder andere Krankheiten werden dann mit Schulbeginn oder kurze Zeit danach bei den Kindern diagnostiziert. In vielen Fällen konsultieren Eltern mit ihren Kindern erst viele Ärzte, bis sie vielleicht auch mal an eine Beratungsstelle für Kinder, Jugendliche und Eltern denken, um die Situation des Kindes auf andere Weise zu beleuchten.

Es ist in unserer Gesellschaft anerkannter, ein körperliches Symptom zu entwickeln als ein psychisches. Es ist weniger brisant, eine Krankheit festzustellen als seelische, familiäre, schulische oder gesellschaftliche Ursachen zu analysieren. Es scheint auch einfacher zu sein, eine Krankheit zu behandeln, zum Beispiel mit einem Medikament. Dabei ist die Lösung oftmals gar nicht so schwierig. Viele Schülerinnen und Schüler stehen zu sehr unter Druck, haben zu wenig freie Zeit zum Spielen und Entspannen. Aufgrund der häufig hohen Erwartungen an die Leistungen ihres Kindes in der Schule kommt diese eigentlich nahe liegende Perspektive leider oft erst spät oder gar nicht in den Blick. Übersehen wird dabei auch, dass Spielen in seinen unterschiedlichsten Formen eine ungeheure Vielfalt des Lernens mit Spaß bietet, die in vielen Schulen leider vernachlässigt wird. Beim Spielen werden Fähigkeiten trainiert aus den Bereichen Motorik, Geschicklichkeit, Kreativität, Ausdauer, Ehrgeiz, Regelverständnis, soziales Lernen, Gemeinschaftssinn, Rollenverständnis, Einfühlungsvermögen, Lebensfreude und durchaus auch sprachliches, logisches und mathematisches Verständnis. All das ist eine ideale Ergänzung zu schulischem Lernen. Eltern tun gut daran, ihren Kindern ausreichende Freiräume für das Spielen zu gewähren.

Tipp: **Kinder brauchen genügend Spielzeit zur Entspannung und für spielerisches Lernen.**

Stärker durch Krisen: Wachstum

Manche Eltern möchten ihrem Kind gerne vieles im Leben ersparen. Sie haben vielleicht selbst als Kinder oder Jugendliche schmerzliche Erlebnisse und Erfahrungen machen müssen. Nun möchten sie, dass es ihr Kind besser hat im Leben. Das kann leicht mal zu einer Schonhaltung oder Überbehütung für das eigene Kind führen, dem dann kaum etwas zugemutet werden mag. Vielleicht soll das Kind bei schlechtem Wetter lieber nicht draußen spielen, um sich nicht zu erkälten, nicht auf einen Baum klettern, um sich nicht zu verletzen, nicht mit einem anderen Kind streiten um des lieben Friedens willen oder auch schnell eine Tablette schlucken, um das aufgetretene Fieber zu senken. Im Leben des Kindes auftretende Probleme und Konflikte werden möglichst schnell für das Kind gelöst mit den Möglichkeiten, die ein Erwachsener hat. All das geschieht bestimmt in bester Absicht für das Kind. Doch zu sehr beschützendes Handeln verhindert, dass ein Kind seine Selbstheilungskräfte und Selbststärkungskräfte entwickeln kann.

Ganz augenscheinlich ist das Thema beim Fieber. Das Fieber an sich ist bereits eine Selbstheilungskraft, die Bakterien und Viren bekämpft und die gerade bei Kindern bei den meisten kleineren Krankheiten ausreichend ist für eine schnelle Genesung. Es ist jedoch darauf zu achten, dass ein Kind bei Fieber den Flüssigkeitsverlust ausgleicht, also genügend trinkt, Anstrengungen vermeidet und natürlich gut betreut wird, besonders in seelischer Hinsicht. Dann lässt sich nicht selten sogar beobachten, dass durchgemachte Krankheiten bei Kindern zu Wachstumssprüngen in körperlicher und seelischer Hinsicht führen. Eine Fiebersenkung durch Medikamente kann in solchen Fällen Selbstheilungskräfte blockieren. Die Abwehrkräfte des Körpers werden nicht trainiert.

Nicht anders ist es bei anderen Blockierungen von aktivierenden Erfahrungen. Wenn ein Kind nicht bei schlechtem Wetter rausgehen soll oder ein anderes Mal nicht klettern darf, wird das Kind weniger in seinen Abwehrkräften und motorischen Fähigkeiten trainiert und gefördert. Wenn dem Kind Probleme und Konflikte in seinem Leben erspart werden und zu viel für das Kind geregelt wird, ihm abgenommen wird, so kann es schlechter Problemlösungsfähigkeiten für sein Leben entwickeln. Diese sind aber nötig, um sich besser im Leben behaupten zu können und sich seiner Stärken selbst bewusst zu werden und somit ein besseres Selbst-bewusst-sein zu erzielen. Ein Kind wächst seelisch auch an der Bewältigung von Schwierigkeiten und Krisen, die das Leben bereit hält. Nicht eine schonende Haltung ist hilfreich, sondern eine liebevolle Unterstützung bei der Bewältigung von Schwierigkeiten, zum Beispiel durch ein Gespräch, in dem das Kind spürt, dass es bei der Bewältigung von Schwierigkeiten nicht allein auf der Welt ist. Eine Krise im Leben kann eine Chance darstellen, daran zu wachsen. Im Umgang mit der Krise können Problemlösungsfähigkeiten entwickelt werden. Krisen fordern vom Kind oder Jugendlichen oft, bei deren Bewältigung einen weiteren Entwicklungsschritt zu machen. Dabei kann eine Trennung von bisherigen sicheren Gewohnheiten nötig sein.

Ein Beispiel: Ein Kind wechselt häufig seine Freizeitbeschäftigungen, hält kaum etwas lange durch, egal ob es sich um Gitarre spielen, Judo oder Reiten handelt. Nichts scheint zu passen. Bei ersten Anforderungen verliert es die Lust und fühlt sich auch schon bald nicht mehr wohl im neuen Umfeld mit den anderen Kindern. Die Eltern reagieren vorwurfsvoll gegenüber dem Kind und auch gegenüber den Freizeiteinrichtungen und melden ihr Kind nach kurzer Zeit wieder von den Freizeitangeboten ab. Sinnvoller wäre es, wenn die Eltern ihrem Kind bei seinen Schwierigkeiten und Krisen konkret zur Seite stehen könnten, damit es lernt, die einzelnen Probleme zu bewältigen, anstatt sich immer wieder schnell zurückzuziehen.

Tipp: **Ein Kind kann an Schwierigkeiten und Krisen wachsen und gestärkt daraus hervorgehen, besonders wenn es liebevolle Unterstützung erfährt.**

Stopp-Regel

Eltern möchten normalerweise, dass Ihr Kind sich im Leben behaupten kann, gegen andere Kinder und möglichst auch gegen Fremde, die vielleicht nichts Gutes im Sinn haben. Sie unterschätzen dabei nicht selten, dass Kinder diese Fähigkeiten in erheblichem Ausmaß im direkten Umgang mit ihren Eltern oder wichtigsten Bezugspersonen lernen. Wenn Kindern bei ihren Eltern häufiger Angst haben, etwas tun müssen, was ihnen äußerst unangenehm ist, dann erlernen sie die grundlegenden Selbstbehauptungsfähigkeiten zuhause nicht. Das kann zum Beispiel sein, dass ein Kind etwas aufessen muss, was ihm gar nicht schmeckt, weil es sonst ermahnt oder gar mit ihm geschimpft wird.

Die elementare Fähigkeit eines Kindes, sich selbst zu behaupten, wird dadurch geschult, dass es zunächst im vertrauten Kontakt zu seinen wichtigsten Bezugspersonen ehrlich zum Ausdruck bringen darf, was in ihm vorgeht, also auch das, was unangenehm, eklig oder sonst wie störend für das Kind ist. Es darf dabei also, und darauf kommt es an, auf seine Grenzen achten. Viele Erwachsene haben das selbst nicht gut gelernt und können es daher auch nicht so leicht ihrem Kind vermitteln. In vielen alltäglichen Situationen kann ein Kind lernen, „stopp!" oder „nein!" zu sagen. Das kann zum Beispiel sein, wenn Gekitzeltwerden kurz zuvor noch lustig war, dann aber zu viel oder unangenehm wird. Oder wenn ein Kind gedrängt oder geschubst wird, etwas zu tun, zu dem es noch nicht bereit ist, weil es davor Angst hat, zum Beispiel ins Wasser zu springen. Dann ist es gut, wenn das Kind auf diese selbst bei sich wahrgenommene Grenze achten kann und „stopp!" oder „nein!" sagen darf.

Im Umgang von Kindern miteinander kommen regelmäßig Situationen vor, in denen ein Kind gefordert ist, sich selbst gegenüber den anderen Kindern zu behaupten. Daher ist eine Kinder-Kultur sinnvoll, wie sie auch in manchen Kindergärten und Schulen gepflegt wird, dass Kinder sich gegenseitig direkt „stopp!" sagen dürfen, wenn ihnen ein konkretes Verhalten eines anderen Kindes zu weit geht. Wichtig ist, dass alle Kinder diese Regel respektieren und dass Erzieher und Lehrer die Einhaltung dieser Stopp-Regel unterstützen.

Tipp: Eltern, die ihrem Kind erlauben, „stopp!" oder „nein!" sagen zu dürfen, wenn ihm etwas zu weit geht oder es Ekel oder Widerwillen erlebt, unterstützen das Kind in dessen Fähigkeit, sich selbst zu behaupten und seine Grenzen zu wahren.

Streit und Versöhnung

Der Anspruch in vielen Familien ist, sich nicht zu streiten. Der Wunsch ist, friedlich miteinander zu sein und ruhig zu bleiben. Ist das realistisch? Eher nicht. In Anbetracht unterschiedlicher

Wahrnehmungen und Interessen ist es normal, dass sich in einer Familie nicht immer alle einig sind. Das Mädchen möchte spielen. Es soll aber eine Aufgabe erfüllen. Der Junge möchte laute Musik hören. Der Vater ist genervt. Die Jugendliche möchte später nach Hause kommen, soll aber um 22 Uhr zurück sein, weil am nächsten Tag Schule ist. Solche Interessenkonflikte führen nicht selten zu Streit, der auch mal lauter wird. Das Ideal der friedlichen Familie ist da oft schnell nicht mehr einzuhalten. Aber ist das wirklich schlimm? Oder einfach unvermeidbar und sogar gewinnbringend?

Sich konstruktiv streiten zu können in der Weise, dass unterschiedliche Wahrnehmungen und Interessen deutlich und transparent werden, ist zunächst einmal eine Übung in Selbst-Behauptung und Selbst-Bewusstsein. Den eigenen Wunsch zum Ausdruck bringen zu können, ist durchaus eine Fähigkeit – bei Eltern wie bei Kindern. Da gilt es dann manchmal, nach konstruktiven Lösungen zu suchen. Es kann aber auch sein, dass Eltern dem Kind oder Jugendlichen Halt im wahrsten Sinne des Wortes bieten, indem sie eine Grenze setzen. Streit kann je nach Art und Häufigkeit der Auseinandersetzungen mehr oder weniger konstruktiv verlaufen. Ganz vermeidbar ist Streit wohl nicht, wenn nicht wesentliche Impulse unter den Teppich gekehrt werden sollen.

Wichtig ist die Umrahmung des Streites. Ist er eingebettet in eine insgesamt liebevolle Eltern-Kind-Beziehung, die lebendige Impulse auf beiden Seiten ermöglicht? Dann kann Streit sogar förderlich sein für die Weiterentwicklung des Kindes und auch der Eltern-Kind-Beziehung. Dazu gehört dann unbedingt, einen Streit auch zu beenden und zwar am selben Tag, damit niemand ihn mit in den Schlaf nehmen muss. Eine Versöhnung vor dem Schlafengehen ist daher unverzichtbar, zum Beispiel mit einer liebevollen Aussprache, Umarmung oder einer anderen versöhnlichen Geste. Falls die Versöhnung mal nicht am selben Tag möglich ist, was wohl eher mal mit Jugendlichen der Fall sein kann, dann sollte zumindest das Angebot oder der Versuch der Versöhnung noch am selben Tag stattfinden. Auch einen solchen Versuch wird ein Jugendlicher durchaus registrieren, auch wenn er ihn vielleicht nicht immer unmittelbar beantworten kann.

Tipp: **Eltern brauchen sich nicht zu scheuen, sich herzhaft mit ihrem Kind zu streiten. Wichtig ist jedoch, die liebevolle Versöhnung spätestens am Abend des Streites zu suchen.**

Taschengeld

Die meisten Eltern verdienen in der Regel monatlich Löhne oder Gehälter oder beziehen regelmäßige Sozialleistungen. Dieses Geld erhalten sie zu Beginn oder zum Ende eines jeweiligen Monats. Und mit diesem Geld müssen sie normalerweise auskommen. Die Ausgaben müssen davon bezahlt werden. Falls möglich, kann davon für später etwas Geld gespart werden. Nicht allen Eltern gelingt das gleich gut. Manche haben Schulden, müssen zum Beispiel Kredite abbezahlen. Es ist keineswegs selbstverständlich, den Umgang mit Geld automatisch gut zu können, ohne diesen Umgang zu lernen. Daher ist es wichtig, dass Kinder den Umgang mit Geld früh lernen, etwa ab dem Schulalter.

Es gibt Taschengeld-Tabellen, an denen Eltern sich orientieren können, aber da Eltern unterschiedlich viel Geld zur Verfügung haben, können solche Tabellen nur ein allgemeiner Hinweis sein. Viel wichtiger sind einige Grundsätze, die Eltern einen Rahmen bieten, damit Kinder den Umgang mit Geld vernünftig lernen. Wichtig ist, dass das Taschengeld eine festgelegte Höhe hat und für einen vereinbarten Zeitraum nicht variiert (zum Beispiel für ein Lebensjahr). Ratsam ist, dass Eltern dem Kind das Taschengeld an fest vereinbarten Tagen persönlich und zuverlässig geben, bei jüngeren Kindern wöchentlich, bei älteren jugendlichen Kindern monatlich. Eine Vereinbarung zwischen Eltern und Kind, was vom Taschengeld zu bezahlen ist und was nicht, vermeidet Missverständnisse.

Da Kinder lernen sollen, mit dem Taschengeld auszukommen, sind beliebige Nachschläge, wenn das Geld alle ist, nicht sinnvoll. Das Taschengeld sollte nicht von bestimmten Leistungen oder vom Verhalten abhängen. Und es ist auch nicht sinnvoll, mit dem Taschengeld Strafen zu verbinden. Über das Taschengeld sollten Kinder weitgehend frei verfügen können, insofern keine Kindes- oder Jugendlichen-Gefährdung damit verbunden ist. Das Gleiche gilt für selbst gespartes Geld des Kindes. Wenn von den Eltern solche Rahmenbedingungen beim Taschengeld beherzigt werden, gibt es erfahrungsgemäß einen hohen Lerneffekt für Kinder im Umgang mit Geld.

Tipp: **Es ist nicht so sehr wichtig, wie viel Taschengeld ein Kind bekommt, sondern dass es regelmäßig an bestimmten Tagen und unabhängig von Leistungen oder Verhalten ein festgelegtes Taschengeld erhält, um den Umgang mit einer Geldmenge zu lernen.**

Tiere

Die meisten Kinder wünschen sich ein Haustier: eine Katze, einen Hund, ein Meerschweinchen, einen Vogel oder ein anderes Tier. Viele Kinder bekommen diesen Wunsch nicht erfüllt. Die Begründungen dafür sind vielfältig: zum Beispiel weil in der Mietwohnung keine Tiere gehalten werden dürfen, weil Tiere Lärm oder Dreck machen, weil manche Familien zu viel weg sind, um sich um ein Tier regelmäßig kümmern zu können oder weil eine Allergie eines Familienmitglieds gegen Tierhaare besteht. Die Begründungen sind nachvollziehbar. Es ist wichtig, die Begründung mit dem Kind zu besprechen und dabei im Blick zu haben, dass Kinder sehr traurig darüber sein können, wenn der sehnliche Wunsch nach einem Tier unerfüllt bleibt. Manchmal lassen sich auch Ersatzlösungen finden wie zum Beispiel das regelmäßige Ausführen eines Nachbarhundes oder die Mithilfe auf einem Bauernhof mit Tieren, in einem Tierheim oder Tierpark.

Falls ein Kind das Glück hat, ein Haustier halten zu dürfen, ist das für das Kind fast immer mit vielen schönen Erlebnissen verbunden. Jedes Tier hat auf seine Weise seine liebenswerten Seiten: welche Laute es macht, wie es sich bewegt, was für lustige Aktionen es manchmal macht. Das allein schon ist schön zu beobachten und kann sehr aufmunternd sein. Noch bewegender ist die entstehende Beziehung zwischen dem Kind und dem Haustier. Der therapeutische Nutzen, die heilende Wirkung solcher Mensch-Tier-Beziehungen ist nachgewiesen. Ein Tier merkt natürlich, wenn sich ein Kind besonders um es kümmert, mit ihm spricht, es pflegt und füttert und mit ihm spielt. Das Tier reagiert in der Regel dankbar mit Zeichen der Zuneigung und des besonderen Kontaktes, zum Beispiel so, wie es eine sich anschmiegende schnurrende Katze macht. Das stärkt die Bindung zwischen Mensch und Tier.

Ein Kind kann mit einem Haustier lernen, für das Tier Verantwortung zu übernehmen und fürsorglich zu sein. Dabei lernt das Kind, dass in der Beziehung zu einem Haustier eine regelmäßige Zuwendung notwendig ist. Ein Haustier kann nicht wie eine Puppe mal für einige Tage zur Seite gelegt werden. Auch ist die Erfüllung fürsorglicher Pflichten nötig wie die Reinigung von Napf, Käfig oder Tiertoilette. Das Glück, das Kinder mit Haustieren erleben, wiegt die notwendigen Aufgaben allemal auf. Da ein Tier meistens eine Lebensdauer hat, die Kinder ganz miterleben, gehören auch das Abschiednehmen und die Trauerbewältigung zu den Anforderungen, an denen Kinder oder Jugendliche reifen können, wenn sie von einem sehr lieb gewonnen Tier Abschied nehmen müssen. Mit dieser Trauer sollten Eltern ihr Kind nicht alleine lassen.

Tipp: Mit einem Haustier kann ein Kind viel erleben und viel lernen, von der Verantwortung und Fürsorge bis zur Trauerbewältigung.

Träume

Kinder träumen wie auch Erwachsene in der Nacht und auch mal am Tag. Sie haben schöne Träume, aber auch Albträume. Da Kinder, aber auch Jugendliche, mehr noch als die meisten Erwachsenen, leicht ganz und gar seelisch erfasst werden von Geschichten, so werden sie zumeist auch von ihren Träumen bewegt. Daher ist es wichtig, dass Kinder und, soweit gewünscht, auch Jugendliche, die Möglichkeit haben, über ihre Träume zu sprechen. Nicht selten reagieren Erwachsene abwertend gegenüber Träumen und unterschätzen deren Bedeutung. Oft wissen Erwachsene aus Unwissenheit oder Ratlosigkeit wenig mit Träumen anzufangen. Grundsätzlich ist für den wertschätzenden Umgang mit Träumen wichtig zu wissen, dass Träume aus einer Vielfalt von Anteilen bestehen können: aus Tagesresten, aus Wünschen, aus Ängsten und anderen Gefühlen wie Enttäuschung, Traurigkeit, Wut oder Ekel. Auch ungelöste Probleme und Konflikte können in den Träumen verarbeitet werden.

Es geht im Umgang mit Träumen nicht um die Deutung der Träume. Das wäre in den meisten Fällen vermessen und anmaßend. Es kann allenfalls darum gehen, die Träume mit ihrer oft verschlüsselten Symbolik und Bildhaftigkeit gemeinsam mit demjenigen, der den Traum geträumt hat, auf sich wirken zu lassen. Wenn man sich selbst gestattet, in die Bilder der Träume eintauchen zu dürfen und die Wirkungen wahrzunehmen, bekommt man nicht selten eine Ahnung von der Thematik, um die es dabei gehen könnte. Und das können dann Ansatzpunkte für sinnvolle Gespräche mit dem Kind sein, die ihm weiterhelfen und zum Beispiel Trost, Stärkung oder Unterstützung vermitteln können.

Tipp: **Es ist sinnvoll, die Träume des Kindes ernst zu nehmen, seien es Nacht- oder Tag-Träume, schöne Träume oder Albträume, und dem Kind die Möglichkeit zu geben, über seine Träume zu sprechen.**

Verhandeln statt anordnen

In früheren Zeiten war es normal, dass Kindern angeordnet wurde, was sie tun sollten. Auch heute kommt das durchaus noch häufig vor und wird auch nicht selten propagiert, wenn über grenzsetzende Erziehung nachgedacht wird. Eine moderne Erziehung, die auch grenzsetzend ist, hat jedoch wenig damit zu tun, Kinder zu Befehlsempfängern zu degradieren, zu kommandieren oder zu bestrafen, wenn sie nicht gehorchen. Eltern, die wissen, wo ihre Grenzen liegen, entbindet das nicht von der Aufgabe, über diese Grenzen mit ihrem Kind zu sprechen und zu verhandeln. So besteht die Möglichkeit, dem Kind den Sinn von Grenzen verständlich zu machen. Mutter oder Vater können sich dem Kind dabei menschlich zeigen mit ihrem Empfinden, ihren Wahrnehmungen, ihren Überzeugungen, aus all denen sich die aufgezeigten Grenzen bilden. Eltern geben ihrem Kind damit ein Vorbild, an dem es sich reiben, aber auch entwickeln kann. Auf diese Weise vermitteln Eltern dem Kind auf lebenspraktische Weise auch persönliche Sinnsysteme. Denn die Halt gebende Orientierung für das Kind wird nicht zuletzt auch aus den Orientierungen der Eltern gebildet.

Idealerweise übergehen Eltern die Bedürfnisse und Wünsche des Kindes bei dieser Auseinandersetzung nicht, sondern respektieren und beachten sie. Sie achten das Kind als selbständiges Wesen mit eigenem Willen. Es kann sich darin üben, in wesentlichen Angelegenheiten über sich selbst bestimmen zu können oder zumindest mitzubestimmen. Darin äußert sich auch die Liebe der Eltern, wenn sie die Regungen des Kindes, dessen Eigenleben nicht einfach per Anordnung übergehen, sondern respektieren. Ein Kind kann sich damit den Eltern offener zeigen, ohne Angst vor Strafe oder Disziplinierung haben zu müssen. Kinder können sich so zu selbstbewussteren, freieren Menschen mit eigenen Zielen und Ambitionen entwickeln, als das beim anordnenden Erziehungsstil der Fall war. Der erzieherische Aufwand und die Mühen, die für eine solche Erziehung erforderlich sind, werden belohnt durch eine gesunde Entwicklung des Kindes, auf die Eltern auch stolz sein können. Und Kinder lernen auf diesem Wege im wahren Sinne des Wortes vorbildhaft, was Respekt vor einem anderen Menschen und Wertschätzung für einen anderen Menschen bedeuten.

Tipp: **In der Erziehung über das, was gemacht wird, mit den Kindern zu sprechen und zu verhandeln, ist zwar umständlicher und oft auch mühsamer, es ist aber vergleichsweise wertschätzender und auch effektiver, als einfach anzuordnen, was Kinder machen sollen.**

Vertrauen, Zutrauen

Wie soll ein Kind sein Selbst-Vertrauen aufbauen, wenn ihm ständig gesagt oder signalisiert wird: "Das kannst du nicht!" oder "Das wird ja doch nichts bei dir!" oder "Dein Bruder kann das aber besser als du!" oder "Schon wieder so eine schlechte Note!" oder "Immer nur Blödsinn im Kopf!"? Das Selbst-Bild und Selbst-Vertrauen eines Kindes wird wesentlich dadurch geprägt, was für Rückmeldungen es aus seiner Umwelt erhält. Besonders wichtig sind dabei die Rückmeldungen der Eltern. Natürlich spielen auch die eigenen Fähigkeiten und die damit verbundene Selbst-Wahrnehmung eine grundlegende Rolle, aber wenn diese nicht oder unzureichend von der Umwelt gespiegelt werden, nagen vermehrt Selbst-Zweifel am Kind.

Idealerweise stimmen die Fähigkeiten des Kindes und die erhaltenen Rückmeldungen dazu aus der Umwelt weitgehend überein. Dann passen Selbst-Einschätzung und Fremd-Einschätzung des Kindes zusammen. Das ist aber nicht immer der Fall. Am Beispiel eines Jungen, der sehr gerne und gut Fußball spielt, sei das einmal näher betrachtet. Wenn die Eltern des Jungen diese Fähigkeit nicht schätzen, weil sie nur Bildungsleistungen anerkennen, wird der Junge für sein Fußballspielen von ihnen keine wertschätzenden Rückmeldungen erhalten. Möglicherweise können Rückmeldungen von Trainern, Mitspielern, Großeltern, Freunden oder anderen wichtigen Personen das annähernd ausgleichen. Aber es wird doch am Selbst-Vertrauen des Jungen nagen, wenn dessen Eltern immerzu seine zeitintensive Beschäftigung missbilligen, die ihn von angeblich wichtigeren und höherwertigen Aufgaben abhält. Da würde dann schon sehr viel eigener Wille des Jungen dazu gehören, genügend Selbst-Vertrauen aufzubringen, um den eigenen Weg weiterzugehen. Und selbst wenn er das zunächst schaffen würde, könnten ihn im Lauf der Zeit immer wieder Selbst-Zweifel einholen.

Die Rückmeldungen der Eltern können sehr prägend für das weitere Leben sein. Dabei sind angemessene, aber aufbauende Einschätzungen von höchstem Wert für ein Kind, denn auch überhöhtes Loben, das nicht mit der Realität übereinstimmt, kann bald zum Problem für den Heranwachsenden werden und sich dabei ein nicht stimmiges oder gar brüchiges, labiles Selbst-Gefühl und Selbst-Vertrauen entwickeln. Die Basis von klein auf ist, dass Eltern dem Kind Fähigkeiten zutrauen, in denen es sich erproben kann und das Kind durch die Erfahrungen und Bestätigungen mehr und mehr Sicherheit gewinnt und damit Selbst-Vertrauen.

Tipp: **Das Selbst-Vertrauen eines Kindes nähren Eltern durch Vertrauen und Zutrauen.**

Vom Tag erzählen

Die meisten Kinder erzählen abends gerne vom Tag, wenn Eltern da sind, die sich Zeit nehmen und ihnen zuhören. Natürlich erzählen Kinder auch während des Tages gerne, abends vor dem Schlafengehen vom Tag zu erzählen ist jedoch noch etwas anderes. Es rundet den Tag ab. Es gibt dem Erlebten noch mehr Sinn. Es bietet die Möglichkeit, noch mit gedanklich unerledigten Resten abzuschließen. Es sortiert den Tag, weist auf, was wichtig war an dem Tag. Es beruhigt. Es ermöglicht Perspektiven für die nächsten Tage. Es zeigt, dass die Eltern sich für das vom Kind Erlebte interessieren. Es ermöglicht, dass das Kind mit dem am Tag Erlebten nicht alleine ist.

All das führt so nebenbei auch dazu, dass ein Kind leichter einschlafen kann, weil es spürt, dass es einen Platz in der Welt hat, an dem es gut aufgehoben ist.
„Vom Tag erzählen" lässt sich beim Abendbrot, danach oder vor dem Einschlafen im Bett. Es sollte zuverlässig wie ein Ritual seinen täglichen regelmäßigen Platz haben. Wichtig dabei ist, dass Erzählungen aller Art erlaubt sind, dass die Schwerpunkte eher darauf liegen, was am Tag wichtig war und was schön war, eventuell was in den Gefühlen und Gedanken noch nicht erledigt ist. Keinesfalls sollte die Erzählung einen ergebnis- oder leistungsorientierten Charakter oder Schwerpunkt haben. Das ist damit nicht gemeint.

Bei kleineren Kindern können Eltern das Erzählen vom Tag des Kindes übernehmen. Größere Kinder erzählen eher selbst oder gemeinsam mit den Eltern.
Ein Beispiel: „Heute war schön, dass ich draußen Seifenblasen für unsere Katzen gemacht habe und die beiden die Seifenblasen fangen wollten... Toni hat sich über das Geschenk von mir sehr

gefreut, er hat sich das nochmal genau angesehen und ich sollte ihm alles dazu erklären... Und ich bin seit heute nicht mehr in der ersten, sondern in der zweiten Klasse...".

Tipp: **Es ist gut, wenn Eltern ihrem Kind abends Raum und Zeit dafür geben, vom Tag zu erzählen, damit es beruhigt mit dem Tag abschließen kann.**

Vorbilder

"Keiner ist unnütz. Er kann immer noch als schlechtes Beispiel dienen." So lautet ein sarkastischer Spruch aus der Graffiti-Zeit. Welche Eltern wollen wirklich ein schlechtes Beispiel für ihr Kind sein? Wohl keine. Warum gibt es dann überhaupt Verhalten, das nicht vorbildhaft ist? Die allgemeinste Antwort darauf ist, dass kein Mensch perfekt ist. Wohl jeder hat also Schwächen, Fehler, Laster, Schattenseiten. Eine andere Antwort darauf ist, dass manche Eltern für sich oder für die Erwachsenen andere Maßstäbe setzen als für Kinder und Jugendliche. Sie selber zum Beispiel rauchen oder trinken Alkohol, meinen aber voller Überzeugung, dass der Nachwuchs das lassen sollte. Andere Eltern wiederum sind sich der Vorbildfunktion gar nicht bewusst. Sie unterscheiden einfach zwischen ihrem eigenen Leben und der Erziehung des Kindes. Unstrittig jedoch ist, dass Kinder am meisten lernen, indem sie sich Verhalten bei ihren Eltern und auch bei anderen ansehen und dieses nachahmen. Sie lernen an ihren Vorbildern. Und in erster Linie sind zunächst die Eltern der Kinder deren Vorbilder.

Der erste Schritt für Eltern ist daher, dass sie sich voll bewusst darüber werden, dass sie mit all ihren Verhaltensweisen als Vorbilder für das Kind dienen. Das ist unausweichlich und eine große Herausforderung für Eltern. Es fordert zunächst von den Eltern Ehrlichkeit und Authentizität. Denn Kinder sehen sehr gut, wie ihre Eltern sind, wie sie miteinander umgehen, wie sie streiten, wie sie lachen, wie zuverlässig sie sind. Da hilft kein Verstellen der Eltern gegenüber dem Kind, sondern nützlicher ist, seine eigenen Schwächen in den Blick zu nehmen und sich dem Kind gegenüber authentisch zu verhalten. Für Kinder kann es sehr erleichternd sein, wenn Eltern ihren Kindern nichts Falsches vormachen, sondern dazu stehen, wie sie mit ihren Fehlern sind, aber auch ihr Bemühen zeigen, an sich zu arbeiten und wenig vorbildhaftes Verhalten zu verbessern.

Was Kinder sich von ihren Eltern im Laufe ihres Aufwachsens angeeignet haben, ist zunächst fest integriert und verankert in ihrer Persönlichkeit und zeigt sich in ihren Verhaltensweisen. Dieses zu verändern, ist erhebliche, oft auch therapeutische Arbeit. Nicht so werden zu wollen wie die Eltern in den Punkten, in denen diese als schlechte Vorbilder dienten, ist demnach nachträglich oft ein mühevolles Streben und erfordert einiges an Einsicht und Erkenntnis. Es ist insbesondere dann ein lohnender Weg, wenn es um so wesentliche Lebensgestaltungen geht wie eine gelingende Partnerschaft oder eine gewaltfreie Erziehung.

Tipp: **Eltern sind die ersten Vorbilder für ihr Kind – im Guten wie im Schlechten.**

Vorlesen und lesen

Als es noch keinen Buchdruck gab, wurden Geschichten erzählt. Auch heute sind manche Menschen, zumeist ältere, noch darin geübt, Geschichten zu erzählen. Kinder sind davon in der Regel beeindruckt und fasziniert. Sie tauchen ein in die Welt der Phantasie. Denn wenn es keine vorgegebenen Bilder am Bildschirm des TV oder PC gibt, ist die logische Konsequenz und Herausforderung für die Zuhörer, dass zur Erzählung die eigenen Bilder im Kopf entstehen. Das ist im wahrsten Sinne des Wortes phantastisch. Ein freier Erzähler hat durch den ununterbrochenen Blickkontakt zu seinen Zuhörern eine besondere Möglichkeit, diese in den Bann der erzählten Geschichte zu ziehen. Die zweitbeste Möglichkeit nach dem freien Erzählen ist das Vorlesen. Bis auf den durch das Lesen unterbrochenen Blickkontakt eröffnet es die gleichen Möglichkeiten. Kinder werden durch vorgelesene Geschichten angeregt in ihrem geistigen und seelischen Potenzial, ihrer inneren Welt der eigenen Bilder und Gefühle.

Nicht selten ist sogar das gelesene Buch spannender als eine anschließende Verfilmung des Buches. Das zeigt die enormen Möglichkeiten des Menschen, eine gelesene oder vorgelesene Geschichte im eigenen Inneren zu gestalten. Dieses Potenzial eines Menschen nicht zu entwickeln, ist schade. Denn nur wer mit dem Vorlesen und Lesen aufwächst, kann dieses Potenzial auch gut entwickeln. Zudem lernen Kinder beim Vorlesen das konzentrierte Zuhören, ohne das dem Verlauf der Geschichte nicht lange zu folgen wäre. Während durch Bilder leicht eine Berieselung möglich ist, die den Betrachter unkonzentriert macht, ist das beim Vorlesen nicht so. Nur wer beim Vorlesen gedanklich folgt, bleibt dran.

Kinder, die kein regelmäßiges Vorlesen gewöhnt sind, haben beim Zuhören manchmal mehr Konzentrationsschwierigkeiten als andere. Deren Eltern nehmen das dann zuweilen so wahr, als ob ihr Kind kein Vorlesen mögen würde. Die Unregelmäßigkeit oder Seltenheit des Vorlesens und die mangelnde Fähigkeit des Kindes, das Vorgelesene aufzunehmen, bedingen sich dann. Kinder, die Vorlesen lieben, wünschen sich oft auch Wiederholungen. Sie möchten dieselbe Geschichte, dasselbe Buch nicht nur einmal, sondern wiederholt vorgelesen bekommen. Dabei können sie die Geschichte immer schöner für sich ausmalen und die Figuren im Buch werden zu Vertrauten oder sogar zu Freunden in der Phantasie des Kindes. Wer regelmäßig als Kind vorgelesen bekommt und es lieben gelernt hat, wird fast immer auch selbst ein interessierter Leser.

Tipp: **Kinder lieben es, wenn Eltern ihnen regelmäßig Geschichten vorlesen.**

Welt

Welt-Szenarien, nach denen es um diese unsere Welt nicht allzu gut bestellt ist, sind uns eigentlich bekannt. Klima-Katastrophen, Ressourcen-Erschöpfung und Kriege aufgrund von eklatanter Ungleichheit und wahnsinnigem Irrglauben bedrohen den Bestand dieser Welt, auf der wir in Anbetracht dieser Bedrohungen noch erstaunlich gut leben können. Und gerade weil wir zumindest in unserer westlichen Welt noch so privilegiert leben können, blenden wir die Bedrohungen der Welt doch manchmal ganz gerne aus. Verdrängung nennen wir dieses Phänomen in psychologischer Sprache, wenn wir etwas Wichtiges so weit beiseite schieben, bis wir es kaum noch oder gar nicht mehr wahrnehmen. Wir leben dann manchmal so, als ob wir noch eine zweite Welt in Reserve hätten, falls die eine Welt mal ausfallen sollte. Doch haben wir nicht gerade als Eltern eine weitergehende Verantwortung für diese Welt?

Wenn wir an das eigene Kind, dessen mögliche Kinder oder sogar an alle Kinder der Welt denken, sind wir in der Pflicht, die Welt für die zukünftigen Generationen so zu gestalten, dass Leben noch gut möglich und lebenswert ist, und zwar in ökologischer und sozialer Hinsicht. Letztlich ist nur eine ökologische Welt überlebensfähig, in der Menschen so wirtschaften, dass die Kreisläufe der Natur erhalten bleiben, und sie keinen Raubbau an der Welt betreiben. Und nur eine soziale Weltgesellschaft, in der ein Mindestmaß an Gerechtigkeit besteht, stellt eine solide Lebensgrundlage dar. Die Schere zwischen Reichtum und Armut klafft bereits in Deutschland eklatant und in zunehmendem Maße auseinander, in der gesamten Welt ist dieser Scherenschnitt eine ungeheure Belastung für die Weltgesellschaft. Eltern können sich dieser Themen annehmen, sich informieren und in vielfältiger

Weise engagieren. Dabei macht es Sinn, die Kinder allmählich für diese Themen zu sensibilisieren, ohne ihnen Angst zu machen. Die Beschäftigung mit der Welt mit allen Sinnen schärft den Sinn für diese Welt. Auf diese Weise können Eltern gemeinsam mit ihren Kindern Zukunft gestalten.

Tipp: **Neben der sinnvollen Gestaltung von Familie und Kindererziehung kann ein weiterer sinnvoller Beitrag für die Zukunft unserer Kinder sein, einen Beitrag zu einer ökologischen und sozialen Welt zu leisten.**

Werte

Vom Werteverlust in unserer Gesellschaft war viel die Rede in den letzten Jahrzehnten und von den fatalen Auswirkungen auf Kinder und Jugendliche und deren Orientierung im Leben. Aber woher sollen die Kinder und Jugendlichen denn Werte schätzen, wenn sie diese nicht von ihren Eltern und Lehrern mit Überzeugung vorgelebt bekommen. Werteverlust ist ein langfristiger Prozess, der sicherlich maßgeblich durch den Verlust von sinnstiftenden Traditionen bedingt ist. Der Verlust an Religiosität mag da eine zentrale Rolle spielen, aber auch der Missbrauch von Werten in totalitären gesellschaftlichen Systemen. Verlust bedeutet immer auch eine Chance zum Neubeginn. In Bezug auf Werte ist der Verlust eine Chance zur Neubesinnung. Das kann allerdings nicht geschehen, wenn Eltern sich mit dem Thema Werte gar nicht beschäftigen, wenn sie im Strom der Zeit quasi dahin fließen, ohne sich bewusst darum zu kümmern, was denn nun gut ist für ihr Kind und was nicht.

Es lohnt sich durchaus mal ein prüfender Blick in die „Initiative zur Werteerziehung des Bayerischen Staatsministeriums für Unterricht und Kultus" mit dem Titel „Werte machen stark". Der prüfende Blick besagt nicht, dass die dort genannten Werte gut und richtig sein müssten, sondern der prüfende Blick kann eine Auseinandersetzung mit dem Werte-Thema eröffnen. Werte werden dort als unverzichtbare Grundlage und Orientierungshilfe für ein friedliches, humanes und erfolgreiches Zusammenleben der Menschen und als Fundament einer Gesellschaft dargestellt. Als personale Grundkompetenzen werden genannt: Toleranz/Respekt, Disziplin, Selbständigkeit, Höflichkeit, Zivilcourage, Verantwortungsbewusstsein, Kreativität, Teamfähigkeit, Hilfsbereitschaft, Gerechtigkeitssinn/Fairness, Zuverlässigkeit/Pünktlichkeit, Lern- und Leistungsbereitschaft.

Jeder möge prüfen, welche Grundkompetenzen und damit welche Werte sie und er für erstrebenswert halten. Eine intensive Auseinandersetzung der Eltern mit Werten und Überzeugungen, die Orientierung geben können für das Urteilen, Entscheiden und Handeln, kann eine gute Grundlage für die Erziehung des Kindes sein. Eltern können auf diese Weise selbst zu wirklichen Vorbildern reifen und die Grundlagen schaffen, um die in der Erziehung notwendigen Auseinandersetzungen mit dem Kind führen zu können.

Tipp: **Eltern sollten sich mal in Ruhe überlegen, welche Werte sie ihrem Kind vermitteln möchten. Denn vermitteln lässt sich nur, was der eigenen Überzeugung entspricht.**

Wertvolle Gefühle

Eltern erkennen nicht immer den besonderen Wert unserer Gefühle. Dann empfinden sie Gefühle und ihren Ausdruck als störend. Oder Eltern versuchen gar, Kindern manche Gefühle und Gefühlsregungen abzutrainieren. Sie dürfen nicht sein. Dabei sind Gefühle das, was den Menschen menschlich macht und ihm Orientierung verschafft.

Sind die Geschichtsbücher nicht voller blutiger Heldentaten, die nur mit der Unterdrückung von Angst und Traurigkeit vorstellbar sind? Leider oft mit fatalen Folgen. Die Unterdrückung von Gefühlen bewirkt eine Verhärtung des Menschen. "Jungen weinen nicht!" war (und ist manchmal noch) der erzieherische Satz für die Entstehung verhärteter Jungen, die damit den Bezug zu ihrer Traurigkeit, Wehmut und Sanftheit verlieren. Das Gleiche gilt auch für die "Heulsusen". Dem "ungezogenen, bösen" Kind wurde (und wird noch) der Ausdruck von Wut und Ärger abgewöhnt, der "Memme" die Angst und das "krüsche" Kind soll seinen Geschmack und auch Ekel nicht spüren. Dabei wird überlieferte Erziehung zumeist weitervermittelt, obwohl bei näherer Betrachtung zu erkennen wäre, dass bei Kindern und in der Gesellschaft Schaden entstehen kann durch dieses Erziehungsideal der unterdrückten Gefühle. Ist eine kriegerische Gesellschaft ohne unterdrückte Gefühle denkbar? Würde uns nicht schon allein die gespürte Angst, aber auch die erlebte Traurigkeit über die Opfer menschlich von jedem kriegerischen Handeln fern halten?

Gefühle sind – wie überhaupt im gesamten Leben – beim Aufwachsen für Kinder und in der Erziehung für Eltern ein wertvolles Orientierungssystem. Ärger und Wut lehrt Kinder, ihre Grenzen zu spüren, sich nichts Ungerechtes gefallen zu lassen, sich zu behaupten im Leben. Angst schützt Kinder vor Gefahren. Ekel bewahrt Kinder vor unangenehmen Erlebnissen oder ihnen nicht schmeckendem oder nicht bekömmlichem Essen. Umgekehrt sind die Glücksgefühle zumeist so etwas wie die Wegweiser für ein schönes Leben.

Eltern können sich anhand ihrer bewusst wahrgenommenen Gefühle in ihrer Erziehung orientieren. Mit Ärger und Wut können sie im Innern spüren, wann es Zeit für sinnvolle Grenzen in der Erziehung sein kann. Mit Angst merken sie die Sorge um ihr Kind und können sich um sinnvollen Schutz kümmern. Mit Freude geben sie ihrem Kind die wertvollen Impulse für ein glückliches Leben.

Tipp: **Gefühle sind das Orientierungssystem der Menschen. Bewusst wahrgenommen und ernst genommen, sind sie eine Hilfe für Kinder beim Aufwachsen und für Erwachsene bei der Erziehung.**

Wiederholungen

Wir leben in einer schnellen Welt voller Tempo und mit vielen Wechseln, Bildern, Anregungen und Animationen. Fast alles ist schneller als ein oder zwei Generationen zuvor: Autos und Züge fahren schneller und damit rauschen die Umgebungsbilder schneller vorbei. Filme, Musikvideos und Computerspiele haben heute ein rasantes Tempo und vermitteln mehr Eindrücke in kurzer Zeit als zuvor. All diese Eindrücke müssen Kinder und Jugendliche verarbeiten. Die Überflutung mit Eindrücken lässt sich noch steigern durch Zappen von einem Programm zum anderen, von einem Medium zum anderen. Dabei sind die Bedürfnisse von Kindern zumeist andere.

Kinder wollen, lieben und brauchen eigentlich Wiederholungen. Wenn ein Kind zum Beispiel einen Film gesehen hat, dann hat es normalerweise erst einen Teil dieses Filmes wirklich verstanden und strebt danach, seine Eindrücke von diesem Film zu vervollständigen, diesen Film mehr und mehr und ganz und gar zu verstehen und zu begreifen. Daher ist es bei Kindern mit einem hohen Interesse und Vergnügen verbunden, diesen Film mehrmals zu sehen, ihn immer besser zu verstehen, Szenen und Dialoge des Filmes so zu lernen, dass das Kind einen Teil des Filmes vielleicht schon auswendig wiedergeben kann. Diese Wiederholungen sind mit zunehmendem Spaß und gleichzeitiger Vertiefung verbunden. Das ist kindgerecht. Ständig wechselndes Programm dagegen nehmen Kinder nur noch oberflächlich auf. Die kindlichen Lernfähigkeiten werden dabei nicht genutzt und nicht gefördert. Das Kind bewegt sich auf diese Weise permanent in einer Medienwelt, die es nur teilweise verstehen und aufnehmen kann und gewöhnt sich daran, von Eindrücken umgeben zu sein, die in diffuser Weise anregend sind, die es aber nur in Teilen begreift. Das ist Gewöhnung an einen Zustand des Nichtverstehens und kann nicht wirklich gut sein für heranwachsende Menschen und ihr Bewusstsein.

Kinder lieben und brauchen Wiederholungen auch deshalb, weil sie Sicherheit und Geborgenheit geben, insbesondere auch von ihren wichtigsten Bezugspersonen. Daher mögen sie Rituale, die täglich den gleichen Ablauf haben, zum Beispiel täglich eine vorgelesene Gute Nacht-Geschichte und ein gesungenes Gute Nacht-Lied. Auch die Lieder dürfen sich gerne wiederholen, das muss nicht jeden Abend ein neues sein.
Kinder lieben es auch, wenn sich gemeinsame Aktivitäten oder

gemeinsam aufgesuchte Orte wiederholen. Auch das gibt ihnen Sicherheit und Geborgenheit in einer ansonsten schnelllebigen Zeit.

Tipp: **Kinder lieben und brauchen Wiederholungen, um das Erlebte zu verarbeiten und um Sicherheit zu gewinnen.**

Wissen und Glauben

Das kindliche Bedürfnis, vieles wissen zu wollen, reicht so weit, dass Eltern oft gar nicht mehr weiter wissen. Das ist eigentlich nicht so schlimm, wenn nicht Eltern manchmal in diesen Situationen dazu neigen würden, entweder das kindliche Wissensbedürfnis abzuwerten, was besonders bedauernswert ist, oder lieber etwas Falsches zu erzählen als ihre Unwissenheit einzugestehen. Dabei wusste schon Sokrates, dass er nichts wusste, und daran könnten sich viele Eltern ein gutes Beispiel nehmen und in Folge dessen statt eine Antwort zu geben lieber mit ihrem Kind auf Antwortsuche gehen.

Das heutige Leben ist derartig komplex geworden, dass es einfache Antworten auf Fragen oft gar nicht mehr gibt. Authentizität der Eltern vermittelt dem Kind an dieser Stelle mehr Halt und Orientierung als eine Eindeutigkeit, die im Lauf der Zeit brüchig und widerspruchsvoll wird. Viele Fragen zur Natur und Ökologie des Lebens sind auch Fragen nach der Zukunft und dem Sinn.

Ähnlich verhält es sich mit den Fragen des Glaubens, die auch viele Kinder stellen. Gibt es Gott und wenn ja, wo ist er denn?

Wie viele Erwachsene können ihrem Kind hierzu klare Antworten geben, die dem eigenen Glauben entspringen? Viele Erwachsene leben selbst im Zweifel und sind auf der Suche. Und Kinder spüren das. Aber auch das muss gar nicht schlimm sein. Auch in den Fragen des Glaubens können sich Kinder gemeinsam mit ihren Kindern auf die Suche nach Antworten machen. Und das ist allemal besser, als wenn sich jemand seines Glaubens allzu sicher ist und einen anderen aufgrund von dessen Glauben bekämpft und diesen Glaubenskampf seinem Kind vermittelt. Die Haltung der Toleranz wird vermittelt, indem andere Überzeugungen und anderer Glauben respektiert werden, solange sie nicht die eigene Existenz unmittelbar gefährden.

Tipp: **Das kindliche Bedürfnis, vieles wissen zu wollen und auch glauben zu wollen, können Eltern nach bestem Wissen und Gewissen beantworten. Etwas nicht zu wissen und sich mit dem Kind gemeinsam auf die Suche zu machen, zeugt von Stärke.**

Wünsche

Allzu leicht passiert es in vielen Familien, dass Ärger zu gegenseitigen Vorwürfen führt. Und sowohl unter Geschwistern als auch zwischen Eltern und Kindern ist der Umgang miteinander dann nicht sehr schonend. Manchmal beschimpfen sie sich. Und die Vorwürfe richten sich nicht selten gegen die andere Person als Ganzes. Formulierungen wie „Du bist ein(e) ...!" oder „Du bist ...!" füllen die Streitenden dann mit negativen Vergleichen oder Eigenschaften aller Art. Zwar entstehen diese Beschimpfungen zumeist aus der Hitze des Gefechtes und sind wohl oft nicht wirklich ganz so ernst gemeint, aber wenn ein Kind oder ein Jugendlicher persönliche Zuschreibungen immer wieder zu hören bekommt, bleibt davon doch einiges hängen. Meistens aber nicht in der Form, wie Eltern sich das wünschen, dass die persönlichen Vorwürfe inhaltlich ernst genommen werden, sondern das persönliche Selbst-Bild und das Selbst-Bewusstsein des Kindes oder des Jugendlichen leiden – mit den fatalen Auswirkungen, dass damit auch die Energie und die Leistungsfähigkeit schwinden. So erreichen Eltern geradezu das Gegenteil von dem, was sie eigentlich mit den Vorwürfen bezweckt haben, mit denen sie eine positive Veränderung bewirken wollten.

Besser ist es da, sich mit seiner Kritik, wenn sie denn unbedingt sein muss, auf die ganz konkreten zu beobachtenden Verhaltensweisen zu beziehen, nicht auf die Person als Ganzes. Und sich dabei auf das zu besinnen, was wirklich wahrzunehmen war. Statt also beispielsweise das Kind mit dem Satz „Du bist und bleibst faul!" zu beschimpfen, könnte die konkrete Beobachtung stehen „Ich habe nicht gesehen, dass du dich gestern auf die Klassenarbeit vorbereitet hast."
Auch die Kritik am Verhalten ist Kritik. Sie ist jedoch besser konkreten Vorgängen zuzuordnen und stellt keine Pauschalverurteilung dar.

Jede Kritik, ob an Kindern, Jugendlichen oder Erwachsenen, stellt in gewisser Weise eine Anmaßung dar, da sie über andere urteilt. Eine andere Weise, sich mit Kindern, Jugendlichen oder anderen auseinanderzusetzen, ist, viel stärker als bei der Kritik in die Beziehung zu gehen und das, was man möchte, als eigenen Wunsch auszudrücken. „Ich wünsche mir, dass du eine Klassenarbeit ernst nimmst und dich darauf vorbereitest! Was ist mit dir, dass du das nicht tust?" Eine solche Ansprache zeigt den eigenen Wunsch, die Beziehung zum Kind und die Sorge um das Kind. Die Chance, das eigene Kind auf diese Weise zu erreichen, ist ungleich höher als bei einer pauschalen Kritik oder gar Beschimpfung.

Tipp: **Es ist in der Erziehung zumeist konstruktiver und hilfreicher, eigene möglichst konkret formulierte Wünsche an das Kind zu richten als Kritik an ihm zu üben.**

Wut, Ärger und Grenzen

Ein weithin unterschätztes und zumeist viel zu negativ bewertetes Gefühl ist die Wut oder der Ärger von Kindern. Dabei wird die existenzielle Bedeutung dieser Gefühle leicht übersehen. Viele Eltern betrachten Wut und Ärger negativ, als etwas, das es zu beseitigen gilt. Die Erziehung zielt dann darauf, dass Wut und Ärger nicht ausgedrückt werden dürfen, abtrainiert werden sollen. Andere Eltern kapitulieren vor der Wut oder dem Ärger ihres Kindes. Sie werden davon überrascht, überwältigt, wollen das Kind beruhigen, indem sie zum Ausdruck gebrachte Wünsche des Kindes erfüllen. Beide beschriebenen Reaktionsweisen von Eltern sind nachvollziehbar. Jedoch enthalten beide Reaktionen der Eltern erhebliche Nachteile. Wenn Erziehung darauf abzielt, dass Gefühle von Wut und Ärger nicht sein dürfen, lernt ein Kind, dass das, was es im Innern spürt, schlecht ist, obwohl es da ist. Es lernt nur die kurzfristige Unterdrückung von vorhandenen Gefühlen, die sich dann oft andere Wege bahnen. Ein Kind, das Wut zur Wunscherfüllung benutzen kann, lernt hingegen eine Macht kennen, die eine ungeheuerliche Großartigkeit enthält. Beide Reaktionen verfehlen den Kern, die eigentliche Bedeutung der Wut oder des Ärgers.

Mit Wut und Ärger erprobt das Kind sein eigenes "Ich-Selbst" und setzt Grenzen nach außen, um sich zu schützen und zu behaupten. Eine Entwicklung zur Autonomie, zur eigenständigen Persönlichkeit wäre wohl ohne die Gefühle von Wut und Ärger nicht möglich, mit denen das Eigene sich abgrenzt von dem Äußeren, dem Anderen. Wut und Ärger sind sehr gesunde Gefühle zur eigenen Abgrenzung. Ein Selbstschutz wäre ohne diese Gefühle kaum möglich. Das bedeutet nicht die Umsetzung von Wut und Ärger in Gewalttätigkeit, sondern die Wahrnehmung dieser Gefühle von Wut oder Ärger und die Umsetzung in Grenzsetzungen und Selbstschutz gegenüber denen, die Auslöser für Wut und Ärger sind.

Ein Beispiel: Wenn ein Kind von anderen angegriffen wird, egal ob körperlich, hänselnd oder in anderer Weise, wird es normalerweise Wut oder Ärger empfinden. Das ist eine gesunde Reaktion, die dem Kind den Appell gibt, sich dagegen (möglichst in zivilisierter Weise) zur Wehr zu setzen und sich somit selbst zu behaupten.

Ein Kind, das auf innere Kränkungen mit Wut oder Ärger reagiert, ohne dass sichtbare Angriffe vorhanden sind, hat oft zuvor Grenzverletzungen erlebt und keine gesunden Selbst(schutz)-Grenzen aufbauen können.

Auch für Eltern ist die Wahrnehmung von Wut oder Ärger ein gutes Barometer zur gesunden Grenzsetzung in der Erziehung, keinesfalls mit Gewalt, sondern mit der Wahrnehmung der eigenen Gefühle und der Umsetzung und Aushandlung von Grenzen in der Erziehung.

Auch hierzu ein Beispiel: Wenn einer Mutter oder einem Vater die Musik des Kindes zu laut ist, merkt sie oder er spätestens mit aufkommendem Ärger oder Wut, dass hier eine Grenze erreicht ist. Wenn das klar ist, können die Eltern das auch klar vermitteln. Wut oder Ärger der Eltern werden sich beruhigen. Das Kind lernt Rücksichtnahme auf andere Menschen.

Tipp: **Eltern können einerseits den Sinn von Wut und Ärger für die Autonomie- und Persönlichkeitsentwicklung des Kindes erkennen und andererseits die eigenen Gefühle von Wut und Ärger in der Erziehung wahrnehmen, um sie in gesunde Grenzsetzungen für das Kind umzuwandeln.**

Zeit

„Wer ist eigentlich der Mann, der manchmal zu uns nach Hause kommt?" Diese Kinder-Frage in einem Witz, in dem ein Vater selten zuhause ist, beschreibt zwar eine Übertreibung, kann aber auch als Hinweis auf ein grundlegendes Thema verstanden werden. Kontakt und Beziehung zum Kind entstehen auch bei Eltern nicht von selbst, sondern benötigen als grundlegende Voraussetzung Zeit und Aufmerksamkeit für das Kind. Manche Eltern denken, dass die alleinige Vaterschaft oder Mutterschaft ausreicht, um in wirksamer Weise Vater oder Mutter sein zu können. Das ist nicht so. Es ist im Gegenteil so, als ob Kinder die Vaterschaft oder Mutterschaft im tiefsten Inneren erst wirklich anerkennen, wenn der Vater oder die Mutter auch Zeit mit ihnen teilen und Anteil nehmen am Leben des Kindes, somit das Erleben und die Entwicklung des Kindes miterleben. Da lohnt es sich für den Vater oder die Mutter, um diesen Kontakt und die Bindung des Kindes auch zu ringen, zum Beispiel in Phasen, in denen der Kontakt erschwert ist aufgrund von Arbeit, Trennung, Krankheit oder aus anderen Gründen.

Wie Eltern gemeinsame Zeit mit dem Kind gestalten, in welcher Atmosphäre, ob fordernd oder akzeptierend, ob spielerisch oder leistungsbezogen, ob humorvoll oder ernsthaft, hat prägende Auswirkungen auf die Entwicklung des Kindes. Das hängt auch entscheidend davon ab, welchen Typus Vater oder Mutter das Kind hat, inwieweit diese Eltern in der Lage sind, die Beziehungen zu ihren Kindern zu gestalten und wie viel Zeit sie sich für ihr Kind nehmen können und wollen. All das erscheint Eltern wie Kindern zumeist als unveränderbare Realität. Denn es ist ja kaum zu ändern, dass Eltern Geld verdienen und auch die Hausarbeit machen müssen. Dabei übersehen sie manchmal, dass der

Zeit-Gestaltung einschließlich der Zeit für Kinder, für Arbeit und für den Haushalt grundlegende Entscheidungen zugrunde liegen, wie viel Zeit sie für etwas verwenden wollen.

Manchmal wird es nicht leichter für Eltern, wenn sie bereits Zeit mit dem Kind verpasst haben, sich auf das Kind einzulassen, zum Beispiel auf die Art des Kindes zu spielen, um so etwas über das eigene Kind zu erfahren. Manche Eltern scheuen sich, mal an der Welt der Kinder teilzuhaben, weil sie als Erwachsene die Fähigkeit zu spielen verlernt haben. Wesentlich ist für Eltern, trotz aller Anforderungen des Alltags sich wirklich regelmäßig Zeit zu nehmen für das Kind, da zu sein, dem Kind zuzusehen und zuzuhören, wie und was es spielt, spricht und wie es sich in sonstiger Weise den Eltern mitteilt. Ein Kind möchte von den Eltern gesehen, gehört, verstanden und akzeptiert werden. Dafür braucht es in hohem Maße Zeit der Eltern. Auf diese Weise kann sich ein tragfähiger Kontakt und eine sichere Bindung des Kindes entwickeln.

Tipp: **Regelmäßige Zeit für das Kind ermöglicht, Anteil zu nehmen an seinem Erleben und seiner Entwicklung, damit sich ein tragfähiger Kontakt und eine sichere Bindung des Kindes entwickeln kann.**

Zukunft

Normalerweise leben Kinder länger als ihre Eltern. Sie haben mehr Zukunft, wenn nicht eine Krankheit oder ein Unfall das verhindern. Das ist eine Binsenweisheit. Ist es da nicht erstaunlich, dass nicht wenige Menschen das trotzdem weitgehend ausblenden und ignorieren? Das Mehr an Zukunft, das unsere Kinder uns Eltern gegenüber haben, so vorzubereiten, dass diese Zukunft lebenswert und menschenwürdig ist, müsste eigentlich eine Selbstverständlichkeit sein, wenn wir unsere Kinder lieben. Das Hier und Jetzt scheint sich jedoch immer wieder dazwischen zu drängeln, um schnell wieder im Vordergrund zu stehen.

Zwei Fragen bilden die Kontrapunkte ab: Was brauchen wir jetzt, um möglichst gut zu leben? Und: Was brauchen unsere Kinder in der Zukunft, um möglichst gut und gesund zu leben? Das Leben im Jetzt kreist oft eher darum, welche Waren und Güter noch zum Glück fehlen, für die Eltern und natürlich auch für die Kinder. Das mag menschlich, normal und verständlich sein, perspektivisch denkend und verantwortungsvoll für zukünftige Generationen ist es wohl nicht.
Bei dem Leben im Jetzt wird gerne ausgeblendet, dass viele Ressourcen der Erde sich dem Ende neigen und für unsere Kinder in einigen Jahrzehnten davon nichts mehr übrig sein wird. Auch mag es durchaus verständlich sein, dass wir bei bedrohlichen Themen wie Atommüll, globaler Erwärmung oder Ozonloch nicht so gerne hinsehen. Wer liest oder hört solche Meldungen schon gerne?

Noch scheint es so zu sein, als ob sich eine Mehrheit der Gesellschaft den Konsum, den Energieverbrauch und die damit verbundene Lebensqualität in der Jetzt-Zeit nicht nehmen lassen möchte. Anlass zur Hoffnung ist, dass die Wende zu erneuerbaren Energien eingeleitet wurde. Konsequent langfristig, ökologisch und sozial denkende Menschen, die sich dafür einsetzen, unseren Kindern eine heilere und gesündere Welt zu hinterlassen, gewinnen sichtbar an Gewicht in unserer Gesellschaft. Eltern sollten sich nicht davon abhalten lassen, darüber nachzudenken, welche Welt sie ihren Kindern eines Tages hinterlassen möchten.

Tipp: **Unsere Kinder sind ein Teil der Zukunft. Deshalb sollten wir die Kinder und die Welt, in der sie leben, so behandeln, dass die Kinder und die Welt eine Zukunft haben.**

Nachwort

In Zeiten gekaufter, geklauter und erschwindelter Doktortitel kann ich Ihnen als Diplom-Psychologe, Diplom-Pädagoge, Soziologe (M.A.) und approbierter Psychologischer Psychotherapeut **ohne** Doktor-Titel hiermit schon mal zusichern, dass ich einen solchen Doktortitel also in keiner Weise erworben habe. Was die Inhalte dieses Buches betrifft, kann ich Ihnen versichern, dass ich dieses Buch hauptsächlich aus meiner langjährigen beruflichen Praxis heraus geschrieben habe. Da ich selbst in meinem Leben von einer großen Vielzahl kluger Psychologen, Pädagogen und Menschen anderer Professionen in Literatur und Praxis beeinflusst worden bin in der Herausbildung meiner eigenen Anschauungen, ist es jedoch ganz selbstverständlich, dass eine Menge von Gedankengut anderer auch in dieses Buch eingeflossen ist. Gerade bei einem so umfassenden Thema wie diesem halte ich das auch für ganz unvermeidlich. Auf eine Literaturliste verzichte ich, weil sie, wenn sie umfassend wäre zu all den hier gestreiften Themen, in Relation zu diesem Buch unangemessen lang sein müsste. Dieses Buch wurde von mir als kurz und knapp gehaltenes Ratgeber-Lexikon geschrieben, nicht als wissenschaftliche Abhandlung. Sollte zufällig ein ähnlicher Satz irgendwo anders in der Literatur zu finden sein, so bitte ich mir das gerne mitzuteilen.

Dieses Buch ist ebenso nicht einer bestimmten psychologischen oder psychotherapeutischen Schule zuzuordnen. Gleichwohl enthält es unter anderem Elemente der Integrativen Therapie, der Gestalttherapie, der Psychoanalyse, der Gesprächspsychotherapie, der Systemischen Therapie, der Verhaltenstherapie und der Bindungstheorie. Die Literatur zu diesen Richtungen finden Sie bei weitergehendem Interesse unter dem jeweiligen Stichwort.

In einigen Kapiteln habe ich Erkenntnisse aus Forschungsprojekten verwendet. Diese werden in den jeweiligen Kapiteln kenntlich gemacht.

Kontakt zum Autor: joerg.matthee@t-online.de